Controlling im Krankenhaus

Herausgegeben von
Prof. Dr. Winfried Zapp, Osnabrück, Deutschland

Unter Mitarbeit von
Julian Terbeck, M.A.

Die Bücher der Reihe richten sich an Fach- und Führungskräfte im Controlling von Krankenhäusern und medizinischen Einrichtungen sowie an Dozenten und Studierende aus dem Bereich Gesundheitsmanagement und Controlling. Herausgeben werden sie von Prof. Dr. Winfried Zapp, Allgemeine Betriebswirtschaftslehre mit dem Schwerpunkt Rechnungswesen, insbesondere Controlling im Gesundheitswesen an der Hochschule Osnabrück unter Mitarbeit von Julian Terbeck, M.A. Aktuelle und relevante Themen des Controllings in Gesundheitseinrichtungen werden praxisnah aufbereitet. Neben den theoretischen Grundlagen zu Bereichen wie Leistungsverrechnung, Benchmarking, Prozesskostenrechnung und Berichtswesen bietet die Reihe konkrete Handlungsempfehlungen und Instrumente. Die Bücher, die in Zusammenarbeit mit Experten aus Wissenschaft und Praxis geschrieben werden, unterstützen die Leser dabei, ihr Wissen und ihre Kompetenz in den Bereichen Kostenmanagement, Controlling und Prozessmanagement zu erweitern und praktisch umzusetzen.

Weitere Bände dieser Reihe finden Sie unter http://www.springer.com/series/13107

Hannes Horter · Martin Driessen · Winfried Zapp

Systemimmanente Anreize im Pauschalierenden Entgeltsystem Psychiatrie und Psychosomatik (PEPP)

Analyse am Beispiel der Behandlung der Alkoholabhängigkeit

Hannes Horter
Klinik für Psychiatrie und Psychotherapie,
Evangelisches Krankenhaus Bielefeld
Bielefeld, Deutschland

Winfried Zapp
Fakultät Wirtschafts- u.Sozialwissenschaften,
Hochschule Osnabrück
Osnabrück, Deutschland

Martin Driessen
Klinik für Psychiatrie und Psychotherapie
Bethel,
Evangelisches Krankenhaus Bielefeld
Bielefeld, Deutschland

Controlling im Krankenhaus
ISBN 978-3-658-12657-5
DOI 10.1007/978-3-658-12658-2

ISBN 978-3-658-12658-2 (eBook)

Die Deutsche Nationalbibliothek verzeichnet diese Publikation in der Deutschen Nationalbibliografie; detaillierte bibliografische Daten sind im Internet über http://dnb.d-nb.de abrufbar.

Springer Gabler
© Springer Fachmedien Wiesbaden 2016

Gedruckt auf säurefreiem und chlorfrei gebleichtem Papier.

Springer Gabler ist Teil von Springer Nature
Die eingetragene Gesellschaft ist Springer Fachmedien Wiesbaden GmbH

Vorwort

Die Krankenhauslandschaft wird in besonderer Weise von den rechtlich-gesetzlichen Rahmenbedingungen beeinflusst, die das Finanzierungssystem festlegen und damit den ökonomischen Gestaltungsrahmen weitgehend auf rechtliche Regelungen einengen. In Deutschland wird in der Psychiatrie und Psychosomatik ein pauschalierendes Entgeltsystem (PEPP) eingeführt, das auf der Grundlage einer tagesbezogenen Kostenkalkulation die zu behandelnden Patienten in Bezug auf ihren Ressourcenverbrauch mit abrechenbaren Erlösen belegt. Ähnlich dem bereits eingeführten DRG-System erhofft man sich dadurch nun ökonomisches Verhalten zu erreichen.

Ob das gelingt, hängt von vielen Faktoren ab. Grundlegend für den Erfolg dieses System sind die Wirkungen, die von solch einem rechtlichen Rahmen ausgehen. Eine Wirkung muss sein, dass die Erlöse die Kosten decken oder aber die eventuell zu niedrigen Erlöse dazu führen, dass Kosten gesenkt werden können und Wirtschaftlichkeitsreserven dadurch erkannt und ausgeschöpft werden. Die darüber hinausgehenden Wirkungen auf die Qualität und die weitere Versorgung von Patienten nach ihrem Krankenhausaufenthalt sind dabei noch gar nicht berücksichtigt.

Wirkungsanalysen sind deshalb im Vornherein notwendig, um das Verhalten der Kliniken in etwa abschätzen und Auswirkungen des Entgeltsystem prognostizieren zu können.

In dieser Studie sollen die Anreize des PEPP-Systems am Beispiel der Behandlung der Alkoholabhängigkeit analysiert werden, um Mechanismen des neuen Systems beschreiben zu können.

Ein Buch wird in bewährter Weise von vielen Personen beeinflusst:

Claudia Hasenbalg von Springer Gabler hat uns vom Entwurf bis zum Druck – wie immer hochengagiert und fachlich qualifiziert – mit ihren konstruktiv-kritischen Hinweisen begleitet und so zum Gelingen dieses Buches beigetragen.

Frau Jutta Hauser-Fahr, Projektmanagerin von Springer Nature, hat den Herstellungsprozess bis zur Publikation in gedruckter und elektronischer Form koordiniert. Herr Dominik Märkl, Projektmanager bei le-tex publishing services, hat zuverlässig und detailliert die Veröffentlichung bis zum Druck begleitet und für ein entsprechendes „Outfit" gesorgt. Dafür danken wir herzlich.

Julian Terbeck, M. A., hat als Mitherausgeber dieser Reihe bereits wie in den zurückliegenden Veröffentlichungen alles vorab zuverlässig geregelt.

Diesem Team danken wir in besonderer Weise – auch für ihre Erfahrungen aus den zurückliegenden Buchprojekten dieser Reihe.

„In der Politik ist es wie im täglichen Leben: Man kann eine Krankheit nicht dadurch heilen, dass man das Fieberthermometer versteckt" (Yves Montand, 1921–1991, http:// zitate.net/krankheit-zitate).

Ebenso wenig ratsam ist es, Problemfelder auszublenden oder nur operativ zu denken ohne Wirkungen zu beachten, die möglicherweise in naher Zukunft liegen.

Mit diesem Buch möchten wir aufzeigen, welche Anreize vom Entgeltsystem PEPP ausgehen und zu einem Nachdenken über die hier formulierten Wirkungen anregen.

In diesem Sinne wünschen wir unseren Lesern hilfreiche Anregungen, praxisrelevante Unterstützung und anwendungsorientierte Entscheidungen.

Dr. med. Hannes Horter, Ev. Krankenhaus Bielefeld gGmbH (EvKB)
Prof. Dr. med. Martin Driessen, Ev. Krankenhaus Bielefeld gGmbH (EvKB)
Prof. Dr. Winfried Zapp, Hochschule Osnabrück

Bielefeld und Osnabrück im März 2016

Abkürzungsverzeichnis

Abb.	Abbildung
Abschn.	Abschnitt
ADHS	Aufmerksamkeitsdefizit-/Hyperaktivitätsstörung
ärztl.	ärztlich
AWMF	Arbeitsgemeinschaft der Wissenschaftlichen Medizinischen Fachgesellschaften
BD	Behandlungsdauer
Betr.	Betreuung
BGB	Bürgerliches Gesetzbuch
bzw.	beziehungsweise
DMI	Day Mix Index
DRG	Diagnosis Related Groups
EDV	Elektronische Datenverarbeitung
EKT	Elektrokonvulsionstherapie
eT	ergänzende Tagesentgelte
EvKB	Evangelisches Krankenhaus Bielefeld
f.	folgende [singular]
ff.	folgende [plural]
FG	Fallgruppe
FZ	Fallzahl
G-DRG	German Diagnosis Related Groups
h	Stunde (hour)
ICD	International Statistical Classification of Diseases and Related Health Problems
InEK	Institut für das Entgeltsystem im Krankenhaus
ITS	intensiv
Kap.	Kapitel
KH	Krankenhaus
MDK	Medizinischer Dienst der Krankenkassen
NICE	The National Institute for Health and Care Excellence
OPS	Operationen- und Prozedurenschlüssel

PEPP	Pauschalierendes Entgeltsystem Psychiatrie und Psychosomatik
PEPPV	Vereinbarung zum pauschalierenden Entgeltsystem für psychiatrische und psychosomatische Einrichtungen
Psych-KG	Gesetz über Hilfen und Schutzmaßnahmen bei psychischen Krankheiten
Psych-PV	Verordnung über Maßstäbe und Grundsätze für den Personalbedarf in der stationären Psychiatrie
PT	Psychotherapie
PTBS	Posttraumatische Belastungsstörung
QE	qualifizierte Entzugsbehandlung
RG	Relativgewicht
s.	siehe
S.	Seite
s.o.	siehe oben
sonst.	sonstige
T.	Tage
Tab.	Tabelle
TE	Therapieeinheiten
u. a.	unter anderem
usw.	und so weiter
vgl.	vergleiche
VWD	Verweildauer
zus.	zusätzlich

Inhaltsverzeichnis

1   **Einleitung**   1
    Literatur   3

2   **Abrechnung vollstationärer Suchtbehandlungen**   5
    2.1   Die Abrechnung mit tagesgleichen Pflegesätzen   5
    2.2   Das PEPP-System 2015   6
          2.2.1   PEPP-Notation   7
          2.2.2   Die Einstufung des Aufwands bei Abhängigkeitserkrankungen . .   8
          2.2.3   Verweildauer und Fallzusammenführungen   9
          2.2.4   Ergänzende Tagesentgelte 10
          2.2.5   Zusatzentgelte 10
    2.3   Erlöse für die Behandlung von Alkoholabhängigkeit
          nach PEPP- und G-DRG-System 10
          Literatur 12

3   **Alkoholabhängigkeit in Deutschland** 15
    3.1   Formen der „Alkoholkrankheit" 16
    3.2   Die verschiedenen Akteure in der Suchthilfe und -therapie 16
    3.3   Stationäre Behandlung der Alkoholabhängigkeit 17
          Literatur 18

4   **Fragestellung und Hypothesen** 19

5   **Methoden** 21
    5.1   Die Expertenbefragung 21
    5.2   Erstellung der vorläufigen Fallgruppen 23
    5.3   Abgrenzungskriterien der Fallgruppen 25
    5.4   Erstellung des Gruppierungsalgorithmus 27
          Literatur 29

6   Aufbereitung des Datenmaterials   31
   6.1   Konvertierung der Daten von 2014 für das 2015er PEPP-System   32
   6.2   Teilung des Datensatzes in die Fallgruppen   34
   6.3   Besondere Aufbereitung der Fallgruppe 7   35
       Literatur   36

7   Deskriptive statistische Analyse des Datensatzes und der Fallgruppen . . .   37
   7.1   Der Gesamtdatensatz   38
   7.2   Fallgruppe 1: Ausnüchterungen   41
   7.3   Fallgruppe 2: Somatische Entgiftungen   43
   7.4   Fallgruppe 3: Somatische Entgiftung kompliziert durch weiteren
       Suchtmittelkonsum   45
   7.5   Fallgruppe 4: Patienten mit komplexem sozialem Klärungsbedarf   48
   7.6   Fallgruppe 5: Patienten mit zusätzlichem Behandlungsbedarf
       durch eine komorbide psychische Erkrankung   50
   7.7   Fallgruppe 6: Motivationsbehandlungen   52
   7.8   Fallgruppe 7: Fälle mit Fallzusammenführungen   55
       Literatur   56

8   Simulation der Auswirkungen von Veränderungen
der Behandlungsparameter auf die Erlöse   57
   8.1   Simulationen mit der Fallgruppe 1: Ausnüchterungen   59
   8.2   Simulationen mit der Fallgruppe 2: Somatische Entgiftungen   61
   8.3   Simulationen mit der Fallgruppe 3: Somatische Entgiftung kompliziert
       durch weiteren Suchtmittelkonsum   63
   8.4   Simulationen mit der Fallgruppe 4: Patienten mit komplexem sozialem
       Klärungsbedarf   65
   8.5   Simulationen mit der Fallgruppe 5: Patienten mit zusätzlichem
       Behandlungsbedarf durch eine komorbide psychische Erkrankung   67
   8.6   Simulationen mit der Fallgruppe 6: Motivationsbehandlungen   68
   8.7   Übertragung der Simulationsszenarien auf den Gesamtdatensatz   71
       Literatur   75

9   Stellungnahmen zu den Hypothesen   77
   9.1   Hypothese 1: Kürzere Behandlungen werden gefördert, und es werden
       Anreize zur früheren Entlassung/Verlegung geschaffen   77
   9.2   Hypothese 2: Es werden Anreize geschaffen, mehr Intensivbetreuungen
       oder intensivere Behandlungen durchzuführen bzw. zu kodieren   78
   9.3   Hypothese 3: Es entstehen Anreize zur Patientenselektion im Sinne
       von „lukrativeren" Patientengruppen   80
   9.4   Hypothese 4: Besonders kranke oder „schwierige" Patienten
       werden in der Vergütungsstruktur inadäquat abgebildet   80

9.5 Hypothese 5: Durch die verschiedenen Abrechnungssysteme für die somatischen und psychiatrischen Kliniken werden Anreize zur gezielten Verteilung/Verlegung zwischen diesen geschaffen 81

Literatur 82

10 Diskussion 83

10.1 Potentielle mittelfristige Auswirkungen des PEPP-Systems auf die stationäre psychiatrische Patientenversorgung 83

10.2 Potentielle langfristige Auswirkungen des PEPP-Systems auf die stationäre psychiatrische Versorgungsstruktur 86

10.3 Ableitbare Kritikpunkte am PEPP-System 88

10.4 Verbesserungsanregungen für das PEPP-System 91

10.5 Beurteilung der verwendeten Methodik 92

Literatur 93

Über die Autoren

Martin Driessen Martin Driessen, Prof. Dr. med., Facharzt für Psychiatrie und Psychotherapie und für Psychosomatische Medizin und Psychotherapie
Studium der Medizin in Aachen, München und Lübeck, dort Assistenzart, neurologische Weiterbildung in Hamburg, später Oberarzt und leitender Oberarzt am Universitätsklinikum in Lübeck. Promotion 1990, Habilitation 1997, außerplanmäßiger Professor seit 2001. Seit 1999 Chefarzt der Klinik für Psychiatrie und Psychotherapie Bethel am Ev. Krankenhaus Bielefeld, seit 2008 Ärztlicher Direktor.
Forschungsschwerpunkte: Abhängigkeitserkrankungen, Persönlichkeitsstörungen, Posttraumatische Störungen, Therapie und Versorgung in verschiedenen Settings.

Hannes Horter Hannes Horter, Dr. med., MBA
Studium der Humanmedizin an der Westfälischen Wilhelmsuniversität Münster, Promotion zum Dr. med.; Assistenzarzt in der Weiterbildung zum Facharzt für Psychiatrie und Psychotherapie am Klinikum Herford und am Evangelischen Krankenhaus Bielefeld, gleichzeitig berufsbegleitendes Studium des Gesundheitsmanagements an der Hochschule Osnabrück und Abschluss mit MBA.

Winfried Zapp Winfried Zapp, Prof. Dr. rer. pol., Dipl.-Ökonom
Studium der Wirtschaftswissenschaften, Wissenschaftlicher Mitarbeiter, Promotion zum Dr. rer. pol.; Assistent des Verwaltungsleiters in einem Evangelischen Krankenhaus, gleichzeitig Traineeprogramm für Führungsnachwuchskräfte des Berufsbildungswerks Deutscher Krankenhäuser (BBDK); Krankenhausbetriebsleiter und in Personalunion Finanzleiter in einer Komplexeinrichtung; Ernennung zum Professor an der Hochschule Osnabrück mit dem Lehrgebiet Allgemeine Betriebswirtschaftslehre mit dem Schwerpunkt Rechnungswesen, insbesondere Controlling im Gesundheitswesen.

Einleitung

1

Zusammenfassung

2017 müssen nach den jetzigen Regelungen alle psychiatrischen und psychosomatischen Kliniken nach dem PEPP abrechnen, soweit sie nicht Modellvereinbarungen mit den gesetzlichen Krankenversicherungen getroffen haben. Bislang basierten die Erlöse der psychiatrischen Kliniken auf tagesgleichen Pflegesätzen, die für jede Einrichtung jährlich individuell verhandelt wurden. Im PEPP-System erhalten die Kliniken zwar weiterhin Erlöse pro Behandlungstag, diese werden jedoch für jeden Fall einzeln berechnet und hängen u. a. von den Diagnosen, der Betreuungsintensität und der Verweildauer ab. Dabei sinken die Erlöse pro Tag mit zunehmender Behandlungsdauer. Das neue System steht im Zentrum der Kritik vieler Verbände, da erhebliche Auswirkungen auf die Behandlungspraxis erwartet werden. Im Rahmen dieses Buches sollen die Anreize des PEPP-Systems am Beispiel der Behandlung der Alkoholabhängigkeit analysiert werden. Als primärer Indikator des geförderten Verhaltens sollen die Unterschiede in der Vergütung Verwendung finden.

2009 wurde mit dem § 17d des Krankenhausfinanzierungsgesetzes der Grundstein für ein pauschalierendes Entgeltsystem für psychiatrische und psychotherapeutische Einrichtungen (PEPP) gelegt. Auch wenn das System aktuell noch nicht verpflichtend angewendet werden muss, so rückt das Ende der Optionsphase immer näher. 2017 müssen nach den jetzigen Regelungen alle psychiatrischen und psychosomatischen Kliniken nach dem PEPP-System abrechnen, wenn auch zunächst budgetneutral, soweit sie nicht Modellvereinbarungen mit den gesetzlichen Krankenversicherungen getroffen haben [5, 10].

Bislang basierten die Erlöse der psychiatrischen Kliniken auf tagesgleichen Pflegesätzen, die für jede Einrichtung jährlich individuell verhandelt wurden. Im PEPP-System erhalten die Kliniken zwar weiterhin Erlöse pro Behandlungstag, diese werden jedoch für jeden Fall einzeln berechnet und hängen u. a. von der Hauptdiagnose, den Nebendiagnosen, der Betreuungsintensität und der Verweildauer ab. Dabei sinken die Erlöse pro Tag

© Springer Fachmedien Wiesbaden 2016
H. Horter et al., *Systemimmanente Anreize im Pauschalierenden Entgeltsystem Psychiatrie und Psychosomatik (PEPP)*, Controlling im Krankenhaus, DOI 10.1007/978-3-658-12658-2_1

mit zunehmender Behandlungsdauer. Da das PEPP-System als lernendes System angelegt ist, wird es jedes Jahr angepasst, basierend auf den Kalkulationsdaten des Vorvorjahres (2013 für 2015) [3, 4, 9].

Dabei ist das neue System im Zentrum der Kritik vieler Verbände, da ähnlich wie bei der Einführung des G-DRG-Systems (German Diagnosis Related Groups) erhebliche Auswirkungen auf die Behandlungspraxis erwartet werden und das zum Nachteil für die psychisch erkrankten Patienten [7].

Beim DRG-System wurde durch die Vergütung pro Fall der finanzielle Anreiz zur Fallzahlsteigerung bei gleichzeitiger Reduktion der Kosten pro Fall gesetzt. Verstärkt wurde dies durch den finanziellen Druck auf die Krankenhäuser unter anderem durch den so genannten „Investitionsstau" [8]. Als Folgen hiervon gelten die Reduktion der Liegezeiten, die Reduktion der pflegerischen Versorgung, Fallzahlsteigerungen und eine Zunahme von, als lukrativ geltenden, invasiven Maßnahmen [1, 2, 6].

Aufgrund der großen Unterschiede zwischen DRG- und PEPP-System sind direkte Übertragungen der Folgen nicht möglich. Dennoch sind auch im PEPP-System immanente Anreize zu erwarten, die zumindest mittelfristig auch Veränderungen der Behandlung psychiatrischer Patienten nach sich ziehen werden.

Im Rahmen dieses Buches sollen die Anreize des PEPP-Systems am Beispiel der Behandlung der Alkoholabhängigkeit analysiert werden. Als primärer Indikator des geförderten Verhaltens sollen die Unterschiede in der Vergütung Verwendung finden. Es stehen dafür Falldaten aus dem Evangelischen Krankenhaus Bielefeld (EvKB[1]) zur Verfügung. Zur Analyse wird ein Modell erstellt, das auf selbst entwickelten Patientengruppen basiert. Diese Patientengruppen werden verglichen und mit Hilfe hierauf aufbauender Simulationen die Auswirkungen verschiedener Veränderungen der Behandlungsroutinen auf die Vergütung simuliert, um hieraus Behandlungsanreize abzuleiten und die Konsequenzen zu bewerten.

Aufgrund der Komplexität der Thematik und der genutzten Datenbasis liegt der Schwerpunkt des Buches auf der Betrachtung der Erlöse. Auf die Kostenseite wird vorwiegend implizit über die Opportunitätskosten der genutzten Behandlungsplätze eingegangen. Darüber hinausgehende Kostenrechnungen werden nur exemplarisch für die fundierte Beantwortung der Hypothesen und die nachfolgende Diskussion durchgeführt. Kostendaten des EvKB finden bei dieser Untersuchung keine Anwendung.

Vorgehensweise
Der Kernpunkt ist ein Modell der Behandlung von Patienten mit einer Alkoholabhängigkeit. Dabei werden verschiedene Patientengruppen verglichen und die Auswirkungen von Veränderungen der Behandlungsroutinen auf die Erlöse simuliert. Hierfür müssen zunächst geeignete Gruppen gefunden werden, die einen ausgewogenen Kompromiss zwi-

---

[1] Krankenhaus der regionalen Spitzenversorgung; stationäre Betten: 1322 (Psychiatrie: 306); Mitarbeiter > 4000; vollstationäre Fälle: 50.632 (Psychiatrie: 5632); teilstationäre Fälle: 11.711 (Psychiatrie: 427); ambulante Fälle: 94.530 [11].

schen der Komplexität des Modells und der Realitätsnähe ermöglichen. Auch sollte ein ausreichend großer Anteil der Fälle bzw. der Patienten aus dem verfügbaren Datenmaterial einer dieser Gruppen zugeordnet werden können. Ziel ist es, zumindest 90 % der Behandlungstage der Patienten mit einer Alkoholabhängigkeit (oder einer anderen Erkrankung aus der ICD-10 Gruppe F10) als Hauptdiagnose in dem Modell abbilden zu können.

Ausgangspunkt für die Erstellung der Patientengruppen ist eine Expertenbefragung. Im Rahmen dieser werden zunächst aus klinischer Sicht unterscheidbare Gruppen und ihre Eigenschaften erhoben. Darüber hinaus wird für die Gruppen, soweit dies im Einzelnen sinnvoll möglich ist, der optimale Behandlungsverlauf erfragt, zusammen mit minimaler und maximaler Verweildauer (VWD).

Im nächsten Schritt werden aus den, aus der Sicht eines Klinikers beschriebenen, Gruppen die Fallgruppen für das Modell konstruiert und konkrete Abgrenzungsmerkmale definiert, die es ermöglichen, zumindest die Mehrzahl der Fälle aus dem Datensatz einer der Gruppen zuzuordnen.

Sobald feste Gruppen als Basis für das Modell definiert sind, werden anhand des verfügbaren Datenmaterials für die relevanten Parameter Durchschnittswerte oder Verteilungsverhältnisse innerhalb der Gruppen ermittelt. Hierdurch entsteht eine übersichtliche Menge von „Standardfällen".

In einem nächsten Schritt werden für jede Gruppe die Auswirkungen von Veränderungen der Behandlungskonzepte simuliert, bzw. der daraus resultierenden Veränderungen der abrechnungsrelevanten Parameter. Anhand der Veränderungen der Vergütung pro Tag werden die Systemanreize darstellbar. Da es sich nicht um einfache Beispielfälle handelt, sondern diese jeweils eine bestimmte Patientengruppe repräsentieren, können hierdurch Rückschlüsse auf die Auswirkungen auf die Gesamterlöse gezogen werden.

Neben der Analyse der verschiedenen Fallgruppen für sich, werden im Rahmen eines Vergleiches der Fallgruppen miteinander Aussagen darüber getroffen, welche Patienten im PEPP-System besser oder schlechter vergütet werden. Auch können die Auswirkungen von Verschiebungen von Patienten aus einer Gruppe in eine andere simuliert werden, um zum Beispiel darzustellen, was geschehen würde, wenn weniger Patienten eine Entgiftung erhielten und stattdessen nur ausnüchtern würden.

In der abschließenden Diskussion werden, neben den Hypothesen, auch die daraus möglicherweise resultierenden Konsequenzen auf die Kliniken, die Patienten, die Versorgungsstruktur und das PEPP-System beleuchtet.

Literatur

1. Blum K, Offermanns M (2013) Mengenentwicklung im Krankenhaus – die Fakten sprechen lassen. Krankenhaus 105(1):10–16
2. Braun B, Klinke S (2010) Auswirkungen des DRG-Systems auf die Arbeitssituation im Pflegebereich von Akutkrankenhäusern. Pflege und Gesellschaft 15(1):5–18. doi:10.3262/P&G1001005

3. IBES (2012) Das pauschalierende Entgeltsystem für psychiatrische und psychosomatische Einrichtungen Prüfung der Eignung alternativer Abrechnungseinheiten gemäß dem gesetzlichen Prüfauftrag nach § 17d Abs. 1 S. 2 KHG. https://www.wiwi.uni-due.de/fileadmin/fileupload/WIWI/pdf/IBES_195_Gutachten_Psych-Entg_Final.pdf. Zugegriffen: 7. Juni 2015

4. Ergänzende Fallbeispiele der Selbstverwaltung zur PEPPV 2015 (2014) InEK. S 1–13

5. Bundesgesundheitsministerium (2015) Gesetz zur Weiterentwicklung der Finanzstruktur und der Qualität in der gesetzlichen Krankenversicherung. http://www.bmg.bund.de/themen/krankenversicherung/finanzierungs-und-qualitaetsgesetz/weiterentwicklung-der-finanzstruktur.html. Zugegriffen: 10. Mai 2015

6. Isfort M (2010) Pflegepersonalbemessung im Krankenhaus – oder zur Beharrlichkeit der Normativität. Pflege und Gesellschaft 15(1):20–32

7. Kunze H, Schepker R, Heinz A (2013) Pauschalierende Entgelte für Psychiatrie und Psychosomatik: Wohin kann der Weg gehen? Dtsch Arztebl 110(27–28):A1366–A1368

8. ÄrzteZeitung (2014) Ökonomen raten DRG sollen auch Investitionen finanzieren. http://www.aerztezeitung.de/praxis_wirtschaft/aerztliche_verguetung/article/873494/oekonomen-raten-drg-sollen-investitionen-finanzieren.html. Zugegriffen: 11. Mai 2015

9. Pauschalierendes Entgeltsystem Psychiatrie/Psychosomatik, Version 2015 – Definitionshandbuch (2014) InEK. S 2–8

10. Deutsches Ärzteblatt (2014) Psychiatrie-Entgeltsystem: Optionsphase verlängert. http://www.aerzteblatt.de/nachrichten/58495/Psychiatrie-Entgeltsystem-Optionsphase-verlaengert. Zugegriffen: 9. Mai 2015

11. EvKB (2015) Strukturierter Qualitätsbericht gemäß § 137 Abs. 3 Satz 1 Nr. 4 SGB V für Ev. Krankenhaus Bielefeld gGmbH über das Berichtsjahr 2013. http://evkb.de/fileadmin/content/download/qualitaetsmanagement/qualitaetsbericht_evkb_2013.pdf. Zugegriffen: 30. Juni 2015

Zusammenfassung

Im Bereich der vollstationären Akutversorgung von Abhängigkeitserkrankungen in Deutschland gibt es aktuell drei verschiedene gültige Abrechnungssysteme. Während in einigen psychiatrischen Kliniken mit dem noch gültigen Abrechnungssystem mit tagesgleichen einrichtungsindividuellen Pflegesätzen gearbeitet wird, nutzen die Optionshäuser schon das PEPP-System. Zusätzlich können in somatischen Kliniken Entgiftungen mit dem G-DRG-System abgerechnet werden. Das PEPP ist als lernendes System angelegt. Auf der einen Seite werden jährlich neue Entgeltkataloge herausgegeben, basierend auf den Kalkulationsdaten des Vorvorjahres (2013 für 2015), auf der anderen Seite werden neue Kostentrenner gesucht und Vorschläge von Fachgruppen ausgewertet. Dies hat auch für das Jahr 2015 zu deutlichen Unterschieden zum Vorjahr geführt.

Im Bereich der vollstationären Akutversorgung von Abhängigkeitserkrankungen in Deutschland gibt es aktuell drei verschiedene gültige Abrechnungssysteme. Während in den meisten psychiatrischen Kliniken mit dem noch gültigen Abrechnungssystem mit tagesgleichen einrichtungsindividuellen Pflegesätzen gearbeitet wird, nutzen die Optionshäuser schon das PEPP-System. Zusätzlich können in somatischen Kliniken Entgiftungen mit dem G-DRG-System abgerechnet werden [8, 15].

2.1 Die Abrechnung mit tagesgleichen Pflegesätzen

Der Vorgänger des PEPP-Systems basiert auf tagesgleichen Pflegesätzen. Diese werden für jede Einrichtung jährlich individuell verhandelt. Der Gesamtpflegesatz setzt sich aus einem Basispflegesatz für nicht medizinische Kosten und einem Abteilungspflegesatz für die medizinische Versorgung zusammen. Aufgrund des hohen Anteils der Personalkosten

© Springer Fachmedien Wiesbaden 2016   5
H. Horter et al., *Systemimmanente Anreize im Pauschalierenden Entgeltsystem Psychiatrie und Psychosomatik (PEPP)*, Controlling im Krankenhaus, DOI 10.1007/978-3-658-12658-2_2

an den medizinischen Kosten hat die noch gültige Personalverordnung (Psych-PV) einen großen Einfluss [5].

Zur Berechnung des Personalschlüssels werden die Patienten einem Behandlungsbereich zugeordnet (A 1 bis A 6 für allgemeinpsychiatrische Patienten; S 1–S 6 für Suchtbehandlungen und G 1 bis G 6 für gerontopsychiatrische Behandlungen). Die Erfassung der Verteilung erfolgt über eine vierteljährliche Stichtagserhebung [25].

Für jeden Behandlungsbereich sind für die verschiedenen beteiligten Berufsgruppen Minutenwerte je Behandlungswoche festgelegt. Hieraus können dann die regulären Personalstellen berechnet werden. Diese Personalstellen gelten jedoch nur für die reguläre Versorgung während des Tages. Für Bereitschaftsdienste und die nächtliche (Notfall-)Versorgung sind zusätzliche Personalstellen nötig; diese werden jedoch nicht von der Psych-PV geregelt [25].

Im Zuge der Umstellung auf das PEPP-System wird im Verlauf auch die Psych-PV außer Kraft gesetzt, was einen weiteren Personalabbau ermöglichen würde. Dabei werden die nach der Psych-PV geforderten Stellen auch jetzt häufig nicht umgesetzt und viele personalintensive (psychotherapeutische) Behandlungskonzepte wurden bei der Berechnung der Stellen noch nicht einmal berücksichtigt [3].

2.2   Das PEPP-System 2015

Das PEPP ist als lernendes System angelegt. Auf der einen Seite werden jährlich neue Entgeltkataloge herausgegeben, basierend auf den Kalkulationsdaten des Vorvorjahres (2013 für 2015), auf der anderen Seite werden neue Kostentrenner gesucht und Vorschläge von Fachgruppen ausgewertet. Dies hat auch für das Jahr 2015 zu deutlichen Unterschieden zum Vorjahr geführt [1].

Im PEPP-System wird jeder Fall zur Abrechnung einer Entgeltkategorie zugeordnet, die ebenfalls als PEPP bezeichnet wird. Aus dem aktuellen Entgeltkatalog kann man dann, anhand des PEPP-Kodes und der Anzahl der Behandlungstage, ein Relativgewicht pro Behandlungstag entnehmen. Dabei soll ein Relativgewicht von 1,0 einem Behandlungstag mit durchschnittlichem Ressourcenverbrauch entsprechen. Aus der Verweildauer, dem Relativgewicht, möglichen ergänzenden Tagesentgelten (eT), Zusatzentgelten und dem krankenhausindividuellen Basisentgeltwert lässt sich dann die Vergütung für den Fall errechnen [6, 11].

(Verweildauer × Relativgewicht + eT) × Basisentgeltwert + Zusatzentgelte [6]

Während in der Einführungsphase der Basisentgeltwert noch krankenhausindividuell basierend auf einem vereinbarten Gesamtbudget und den erwarteten relativgewichteten Behandlungstagen verhandelt wird, soll ab 2019 schrittweise bis 2023 eine Angleichung an einen Landesbasisentgeltwert erfolgen. Ab 2024 gilt dieser für alle von der PEPP-Verordnung betroffenen Einrichtungen. Dabei wird für Einrichtungen mit einem niedrigeren

Basisentgeltwert schrittweise eine Erhöhung, für die anderen schrittweise eine Reduktion des eigenen Entgeltwertes erfolgen. Im Jahr 2019 beträgt die Angleichung 10 %, 2020 und 2021 je 15 %, 2022 und 2023 20 % [10, 26].

Für hierbei erwirtschaftete Mehr- oder Minedererlöse gibt es genaue Regelungen, wie hiermit zu verfahren ist. Auch gibt es für die „Verlierer" der Umstellung eine Kappungsgrenze, wie stark ihr Gesamtbudget pro Jahr dadurch reduziert werden kann. Die Regelungen verhindern sowohl ein abschlagsfreies Aufstocken des Gesamtbudgets für die Kliniken, die bislang einen niedrigeren Basisentgeltwert hatten, als auch eine abschlagsfreie Erhöhung des Fallvolumens, um die Verluste auszugleichen für die Kliniken, die sich an einen niedrigeren Basisentgeltwert anpassen müssen [26].

Da der Schwerpunkt der Untersuchung bei den Anreizen des PEPP-Abrechnungssystems liegt, wird an dieser Stelle nicht im Detail auf die einzelnen Regelungen zur Eindämmung von Mehrerlösen eingegangen.

Da es zum Zeitpunkt der Erstellung dieses Buches keinen einheitlichen Basisentgeltwert gab und auch für das EvKB kein individueller Basisentgeltwert verhandelt war, gibt es keine klar definierte Kalkulationsgröße für dieses Buch.

Im PEPP Abschlussbericht des InEK wird bei der Kalkulation der Relativgewichte ein Wert von 230,32 € zugrunde gelegt [2].

Der aktuelle durchschnittliche Tagessatz der psychiatrischen Klinik des EvKB liegt laut internen Informationen ungefähr bei 257 € (Stand Mai 2015). Wenn man einen durchschnittlichen Day Mix Index (DMI) von 1,0 annimmt, entspräche dies einem Entgeltwert von 257 €. Selbst wenn man einen überdurchschnittlichen DMI von 1,05 zugrunde legt, würde dies einen deutlich über 230,32 € liegender Basisentgeltwert von ca. 244,76 € ergeben.

Für unbewertete Entgelte wurde im § 8 der PEPPV 2015 mit einem vollstationären Tagessatz von 250 € gearbeitet, der bei dem Standardrelativgewicht von 1,0 einem entsprechenden Relativgewicht entspräche. Zur Vereinfachung wird im Rahmen der Auswertung mit einem fiktiven Basisentgeltwert von 250,00 € gearbeitet.

2.2.1   PEPP-Notation

Zur Bezeichnung einer PEPP-Kategorie wird ein fünfstelliger alphanumerischer Kode verwendet, der gebildet wird aus behandelnder Abteilung, Behandlungsart, Hauptdiagnose, OPS-Kodes (Operationen- und Prozedurenschlüssel) und eventuell relevanten Nebendiagnosen.

Der Aufbau soll hier anhand eines Beispiels verdeutlicht werden. Die PEPP „PA02D" steht für „Psychische und Verhaltensstörungen durch psychotrope Substanzen, ohne komplizierende Konstellation, ohne multiplen Substanzmissbrauch, ohne Heroinkonsum oder intravenösen Gebrauch sonstiger Substanzen, ohne qualifizierten Entzug ab 7 Behandlungstagen" und stellt unter anderem eine unkomplizierte Alkoholentgiftung dar [13].

Die Buchstaben „PA" stehen für die Strukturkategorie, „P" für eine vollstationäre Behandlung und „A" für eine (allgemein-)psychiatrische Behandlung. An der Stelle des „A" kann neben „K" für Kinder- und Jugendpsychiatrie und „P" für Psychosomatik auch eine „0" stehen, die dann eine so genannte Prä-PEPP kennzeichnet. Prä-PEPPs gelten für besonders betreuungsintensive Fälle und werden unabhängig von der Art der psychischen Erkrankung verwendet. Bei einer normalen PEPP zeigen die beiden Ziffern nach den Buchstaben, in unserem Beispiel „02", die Art der psychischen Erkrankung an; in unserem Fall eine „Psychische und Verhaltensstörungen durch psychotrope Substanzen". Bei einer Prä-PEPP folgen die Ziffern „02" bei einer Intensivbetreuung von Kindern und Jugendlichen und die Ziffern „03" bei einer Intensivbetreuung von Erwachsenen. Der letzte Buchstabe, in unserem Fall das „D" steht für den Aufwand innerhalb der Diagnosegruppe. „A" steht für den höchsten Aufwand, gefolgt von „B" usw. Wie hoch der Aufwand des Falles zu bewerten ist, hängt unter anderem von den durchgeführten Therapiemaßnahmen (abgebildet durch Prozedurencodes), Nebendiagnosen, dem Patientenalter oder von bestimmten Einzeldiagnosen innerhalb der Diagnosegruppe ab [11, 13].

2.2.2 Die Einstufung des Aufwands bei Abhängigkeitserkrankungen

Die Basis-PEPP PA02 umfasst alle Behandlungsfälle von Erkrankungen aus der Gruppe „Psychische und Verhaltensstörungen durch psychotrope Substanzen", soweit diese nicht aufgrund eines besonders hohen Betreuungsaufwandes einer Prä-PEPP zugeordnet werden. Anhand des Behandlungsaufwandes erfolgt eine Einteilung, die dem jahresaktuellen Definitionshandbuch entnommen werden kann. Für das Abrechnungsjahr 2015 erfolgt die Einteilung in PA02A bis PA02D [12].

PA02A wird nur für intravenösen Drogenkonsum, Heroinkonsum oder schwere opiatassoziierte Störung (F11.2-8) zusammen mit Hinweisen auf einen intravenösen Substanzkonsum verwendet. In Bezug auf unser Patientenkollektiv wird dies wahrscheinlich nur für einen geringen Teil unserer Fälle zutreffen [12].

Für die Kategorie PA02B gibt es eine Vielzahl von Konstellationen. Die erste Möglichkeit besteht aus dem Vorliegen von zwei substanzassoziierten Erkrankungen, von denen eine durch Opiate oder Kokain ausgelöst sein muss. Die zweite Möglichkeit besteht in der Funktion „erhöhter Betreuungsaufwand bei Erwachsenen, 1:1-Betreuung und kriseninterventionelle Behandlung". Auch gibt es eine Liste von komplizierenden somatischen Erkrankungen, die einen entsprechenden Behandlungsaufwand anzeigen sollen, unter anderem Pneumonien, Hepatitiden oder bösartige Hirntumore. Neben diesen Merkmalen, die für eine schwere Erkrankung des Patienten sprechen und einen erhöhten Betreuungsaufwand anzeigen, gibt es noch die Möglichkeit, über eine intensive psychiatrisch/psychotherapeutische Behandlung höhere Erlöse zu erhalten. Für die PA02B würde im Rahmen einer psychiatrischen oder psychosomatischen Regel- oder Intensivbehandlung ein Therapieprogramm mit > 6 Therapieeinheiten (á 25 Minuten) pro Woche ausreichen, vorausgesetzt diese Therapieeinheiten werden durch Ärzte oder Psychologen erbracht [12].

PA02C deckt mehrfache Störungen durch Substanzkonsum ab, die nicht durch PA02B abgedeckt werden, wobei einige Substanzen wie Nikotin oder Koffein ausgenommen wurden. Darüber hinaus ist dieser PEPP-Kode zu verwenden, wenn während eines großen Teiles der Behandlung mindestens drei Intensivmerkmale vorliegen. Als Intensivmerkmale gelten die Anwendung von besonderen Sicherungsmaßnahmen, eine akute Selbstgefährdung durch Suizidalität oder schwer selbstschädigendes Verhalten, eine akute Fremdgefährdung, eine schwere Antriebsstörung, eine fehlende eigenständige Flüssigkeits-/Nahrungsaufnahme, eine akute Selbstgefährdung durch fehlende Orientierung bzw. Realitätsverkennung oder eine Entzugsbehandlung mit Vitalgefährdung durch somatische Komplikationen [4]. Alternativ muss über mehr als 50 % der Behandlung eine qualifizierte Entzugsbehandlung (QE) gemäß der über die OPS-Kodes festgelegten Kriterien durchgeführt werden [12].

Erfüllt die Behandlung eines Patienten auf der Basis PEPP PA02 keines dieser Kriterien, so erfolgt die Einordnung in die PEPP PA02D, die am geringsten vergütet wird.

2.2.3 Verweildauer und Fallzusammenführungen

Die Berechnung der Verweildauer und die Regeln der Fallzusammenführung haben einen erheblichen Einfluss auf die Erlöse, gerade bei kurzen Behandlungen. Die Regelungen hierzu finden sich in der PEPPV; im Rahmen dieser Analyse findet die Fassung für das Jahr 2015 Anwendung.

Bei der Berechnung werden die Behandlungstage aufaddiert, wobei in der Regel Aufnahme und Entlassungstag jeweils als eigenständiger Tag gerechnet werden. Erfolgt Aufnahme und Entlassung am gleichen Tag, wird dies als ein Behandlungstag gerechnet [18]. Dies gilt auch für eine Verlegung aus einem Krankenhaus in ein anderes [22]. Bei einer Verlegung innerhalb eines Krankenhauses aus dem Geltungsbereich der Bundespflegesatzverordnung in den Geltungsbereich des Krankenhausentgeltgesetzes wird hingegen der Verlegungstag für die verlegende Abteilung nicht abgerechnet [23].

Wird ein Patient innerhalb von 21 Tagen nach der Entlassung erneut in der gleichen Klinik aufgenommen und fällt die Behandlung in die gleiche Strukturkategorie (z. B. vollstationäre allgemeinpsychiatrische Behandlung), so werden die Fälle zusammengeführt, wenn nicht mehr als 120 Tage nach der ersten zusammenzuführenden Aufnahme vergangen sind [19]. Vollstationäre und teilstationäre Behandlungen werden nicht zusammengefasst [21].

Bei der Zusammenführung der Fälle werden nicht nur die Verweildauern zusammengerechnet, es wird auch eine Neubewertung der gemeinsamen Hauptdiagnose und der Behandlungsintensität vorgenommen. Haben die Fälle verschiedene Hauptdiagnosen, so gilt für den Gesamtfall die Hauptdiagnose, die für die meisten Behandlungstage gilt. Bei gleicher Anzahl der Behandlungstage gilt die Diagnose, die zuerst gestellt wurde [20].

Sobald die Berechnung der Behandlungstage abgeschlossen ist, kann anhand dieser Zahl, zusammen mit dem für die Behandlung gültigen PEPP-Kode aus dem Entgeltkatalog die Vergütungsklasse und die dazugehörige Bewertungsrelation abgelesen werden. Ist die Anzahl der Berechnungstage höher als die höchste Vergütungsklasse, so findet diese Anwendung [17].

Auf die Sonderregelungen zum Jahreswechsel und der unterjährigen Optierung wird nicht näher eingegangen, da es für den Schwerpunkt des vorliegenden Buches nicht relevant ist.

2.2.4 Ergänzende Tagesentgelte

Im Rahmen der neuen Vereinbarung zwischen dem Spitzenverband der gesetzlichen Krankenkassen, dem Verband der privaten Krankenversicherung und der deutschen Krankenhausgesellschaft zum PEPP-System für das Jahr 2015 (PEPPV 2015) wurden zusätzlich zu dem bestehenden Abrechnungssystem ergänzende Tagesentgelte für Tage mit besonders hohem Betreuungsaufwand angesetzt, die durch das bestehende System nicht ausreichend abgebildet werden konnten [24]. Da diese je Tag abgerechnet werden und nicht automatisch für die gesamte Falldauer, können diese nicht mit dem PEPP-Kode oder dem daraus abgelesenen Tagesrelativgewicht zusammengefasst werden [6].

2.2.5 Zusatzentgelte

Für besonders aufwendige medizinische Maßnahmen, die über die normale psychiatrische Versorgung hinausgehen, sind Zusatzentgelte eingeführt worden. Diese gibt es unter anderem für die Verabreichung von Blutprodukten, Chemotherapien oder aber auch die Elektrokonvulsionstherapie (EKT). Soweit die Datenbasis ausreichend ist und die Entgelte bewertet sind, gibt es klare Angaben über die Verrechnung in Euro; bei unbewerteten Maßnahmen müssen individuelle Vereinbarungen ausgehandelt werden. Auch in diesem Fall sind diese unabhängig von dem krankenhausindividuellen Basisentgeltwert [14].

2.3 Erlöse für die Behandlung von Alkoholabhängigkeit nach PEPP- und G-DRG-System

Die Behandlung von Patienten mit einer Alkoholabhängigkeit kann sowohl in psychiatrischen als auch in somatischen Kliniken erfolgen und es werden entsprechend auch die verschiedenen Abrechnungsbestimmungen zugrunde gelegt. Neben dem einfachen somatischen Entzug lässt sich auch eine qualifizierte Entzugsbehandlung in einer somatischen Klinik nach dem G-DRG-System abrechnen [7, 16].

Im G-DRG-System erhält die Klinik für jeden Fall eine Pauschale, die zwischen unterer und oberer Grenzverweildauer unabhängig von der genauen Zahl der Behandlungstage ist. Bei kürzeren Behandlungen wird die Pauschale pro Tag unter der unteren Grenzverweildauer reduziert, bei längeren Behandlungen pro zusätzlichen Tag nach der oberen Grenzverweildauer erhöht. Durch dieses System werden kurze Behandlungen (untere Grenzverweildauer) im Vergleich zu den pauschalierten Tagessätzen besser vergütet und es kommt im Bereich der oberen Grenzverweildauer zu einer schlechteren Vergütung [8, 13].

Die folgenden Darstellungen sollen diese Unterschiede verdeutlichen. Dabei wird hier der Einfachheit halber von unkomplizierten Verläufen ohne Prä-PEPP-Strukturkategorien, ergänzenden Tagesentgelten oder Fallzusammenführungen ausgegangen. Bei den Erlösen nach G-DRG-System wird der Landesbasisfallwert von NRW vom Jahr 2015 von 3190,81 € zugrunde gelegt. Da es bisher keinen einheitlichen Basisentgeltwert für das PEPP-System gibt, wird an dieser Stelle von dem Standardtagessatz für unbewertete Entgelte nach § 8 PEPPPV 2015 in Höhe von 250 € ausgegangen. Für die unkomplizierten Entgiftungen wird die PEPP PA02D verwendet und für die qualifizierten Entzugsbehandlungen die PEPP PEPP PA02C. Bei der Darstellung der Behandlungstage wird von den Abrechnungsbestimmungen des PEPP-Systems ausgegangen. Ein Tag bedeutet, dass der Patient am Aufnahmetag entlassen wird, zwei Tage, dass der Patient am Tag nach der Aufnahme entlassen wird usw. Die Belegungstage für die G-DRG-Fälle werden hieran angepasst. Das bedeutet, dass die untere Grenzverweildauer einer einfachen Entgiftung in der Abb. 2.1 am 3. Behandlungstag ist (2. Tag nach Aufnahme). Dies würde der Rechnung des G-DRG-Systems aber einer Verweildauer von 2 Tagen entsprechen. Die vertikalen Linien markieren dabei in der Abb. 2.1 die untere und die obere Grenzverweildauer nach dem G-DRG-System. In Abb. 2.2 kommt bei der qualifizierten Entzugsbehandlung eine Besonderheit zum Tragen, da es über die OPS-Kodes eine Mindestverweildauer und damit keine untere Grenzverweildauer gibt [8, 9].

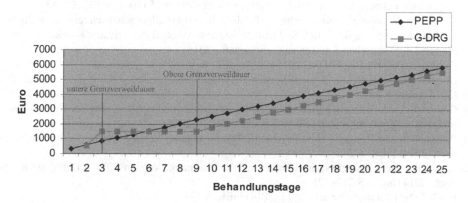

Abb. 2.1 Erlöse für eine einfache Alkoholentgiftung (PEPP: PA02D/G-DRG: V60A). (Eigene Darstellung)

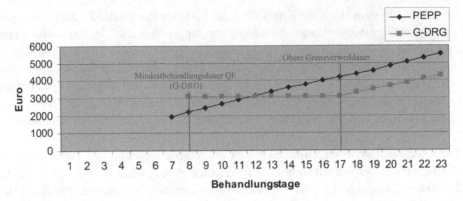

Abb. 2.2 Erlöse für eine qualifizierte Entzugsbehandlung (PEPP: PA02C/G-DRG: V40Z). (Eigene Darstellung)

Literatur

1. Abschlussbericht – Weiterentwicklung des pauschalierenden Entgeltsystems für Psychiatrie und Psychosomatik (PEPP) für das Jahr 2015 (2014) InEK. S 2–4
2. Abschlussbericht – Weiterentwicklung des pauschalierenden Entgeltsystems für Psychiatrie und Psychosomatik (PEPP) für das Jahr 2015 (2014) InEK. S 26–33
3. Berger M, Adli M, Beine KH, Bschor T, Herpertz S, Lauterbach K (2015) Psychiatrische Versorgung: Das Krankenhaus-Psych-Budget – ein Alternativkonzept. Dtsch Arztebl 112(13):A-574
4. DIMDI (2014) Behandlung bei psychischen und psychosomatischen Störungen und Verhaltensstörungen bei Erwachsenen (9-60…9-64). https://www.dimdi.de/static/de/klassi/ops/kodesuche/onlinefassungen/opshtml2015/block-9-60...9-64.htm. Zugegriffen: 15. Mai 2015
5. IBES (2012) Das pauschalierende Entgeltsystem für psychiatrische und psychosomatische Einrichtungen Prüfung der Eignung alternativer Abrechnungseinheiten gemäß dem gesetzlichen Prüfauftrag nach § 17d Abs. 1 S. 2 KHG. https://www.wiwi.uni-due.de/fileadmin/fileupload/WIWI/pdf/IBES_195_Gutachten_Psych-Entg_Final.pdf. Zugegriffen: 7. Juni 2015
6. Ergänzende Fallbeispiele der Selbstverwaltung zur PEPPV 2015 (2014) InEK. S 1–13
7. Fallpauschalensystem für Krankenhäuser für das Jahr 2014 (Fallpauschalenvereinbarung 2014 – FPV 2014) zwischen dem GKV-Spitzenverband, dem Verband der Privaten Krankenversicherung und der Deutschen Krankenhausgesellschaft. (2013) § 1
8. Fallpauschalen-Katalog G-DRG 2015 (2014) InEK. S 66–67
9. German Diagnosis Related Groups Version 2015 Definitionshandbuch Kompaktversion Band 2 (2014) InEK. S 451
10. Gesetz zur wirtschaftlichen Sicherung der Krankenhäuser und zur Regelung der Krankenhauspflegesätze (Krankenhausfinanzierungsgesetz – KHG) (2015)
11. Pauschalierendes Entgeltsystem Psychiatrie/Psychosomatik, Version 2015 – Definitionshandbuch (2014) InEK. S 2–8
12. Pauschalierendes Entgeltsystem Psychiatrie/Psychosomatik, Version 2015 – Definitionshandbuch (2014) InEK. S 213–221
13. PEPP-Entgeltkatalog – Version 2015 (2014) InEK. S 3–5
14. PEPP-Entgeltkatalog – Version 2015 (2014) InEK. S 35

15. Deutsches Ärzteblatt (2014) Psychiatrie-Entgeltsystem: Optionsphase verlängert. http:// www.aerzteblatt.de/nachrichten/58495/Psychiatrie-Entgeltsystem-Optionsphase-verlaengert. Zugegriffen: 9. Mai 2015

16. Vereinbarung zum pauschalierenden Entgeltsystem für psychiatrische und psychosomatische Einrichtungen für das Jahr 2015 (PEPPV 2015) zwischen dem GKV-Spitzenverband, dem Verband der Privaten Krankenversicherung und der Deutschen Krankenhausgesellschaft. (2014) § 1

17. Vereinbarung zum pauschalierenden Entgeltsystem für psychiatrische und psychosomatische Einrichtungen für das Jahr 2015 (PEPPV 2015) zwischen dem GKV-Spitzenverband, dem Verband der Privaten Krankenversicherung und der Deutschen Krankenhausgesellschaft. (2014) § 1 Abs. 2

18. Vereinbarung zum pauschalierenden Entgeltsystem für psychiatrische und psychosomatische Einrichtungen für das Jahr 2015 (PEPPV 2015) zwischen dem GKV-Spitzenverband, dem Verband der Privaten Krankenversicherung und der Deutschen Krankenhausgesellschaft. (2014) § 1 Abs. 3

19. Vereinbarung zum pauschalierenden Entgeltsystem für psychiatrische und psychosomatische Einrichtungen für das Jahr 2015 (PEPPV 2015) zwischen dem GKV-Spitzenverband, dem Verband der Privaten Krankenversicherung und der Deutschen Krankenhausgesellschaft. (2014) § 2 Abs. 1 – 2

20. Vereinbarung zum pauschalierenden Entgeltsystem für psychiatrische und psychosomatische Einrichtungen für das Jahr 2015 (PEPPV 2015) zwischen dem GKV-Spitzenverband, dem Verband der Privaten Krankenversicherung und der Deutschen Krankenhausgesellschaft. (2014) § 2 Abs. 3

21. Vereinbarung zum pauschalierenden Entgeltsystem für psychiatrische und psychosomatische Einrichtungen für das Jahr 2015 (PEPPV 2015) zwischen dem GKV-Spitzenverband, dem Verband der Privaten Krankenversicherung und der Deutschen Krankenhausgesellschaft. (2014) § 2 Abs. 4

22. Vereinbarung zum pauschalierenden Entgeltsystem für psychiatrische und psychosomatische Einrichtungen für das Jahr 2015 (PEPPV 2015) zwischen dem GKV-Spitzenverband, dem Verband der Privaten Krankenversicherung und der Deutschen Krankenhausgesellschaft. (2014) § 3 Abs. 1

23. Vereinbarung zum pauschalierenden Entgeltsystem für psychiatrische und psychosomatische Einrichtungen für das Jahr 2015 (PEPPV 2015) zwischen dem GKV-Spitzenverband, dem Verband der Privaten Krankenversicherung und der Deutschen Krankenhausgesellschaft. (2014) § 3 Abs. 3

24. Vereinbarung zum pauschalierenden Entgeltsystem für psychiatrische und psychosomatische Einrichtungen für das Jahr 2015 (PEPPV 2015) zwischen dem GKV-Spitzenverband, dem Verband der Privaten Krankenversicherung und der Deutschen Krankenhausgesellschaft. (2014) §§ 5, 6

25. Verordnung über Maßstäbe und Grundsätze für den Personalbedarf in der stationären Psychiatrie (Psychiatrie-Personalverordnung – Psych-PV) (1990)

26. Verordnung zur Regelung der Krankenhauspflegesätze (Bundespflegesatzverordnung – BPflV) (2015)

Alkoholabhängigkeit in Deutschland

3

Zusammenfassung

Die Alkoholabhängigkeit stellt in Deutschland ein erhebliches Problem dar. Aktuellen Schätzungen nach leiden 1,3 bis 1,6 Millionen Deutsche unter einer behandlungsbedürftigen Alkoholabhängigkeit. 2 Millionen betreiben einen Alkoholmissbrauch und weitere 5 Millionen betreiben einen potentiell gesundheitsgefährdenden Alkoholkonsum. Pro Jahr entstehen geschätzt direkte Kosten von 8,4 Milliarden Euro und indirekte Kosten von 16 Milliarden Euro aufgrund von Alkoholismus. Wenn man die geschätzten Daten auf die Bevölkerung von Bielefeld überträgt, würde dies bedeuten, dass ca. 5285–6504 Bürger eine behandlungsbedürftige Alkoholabhängigkeit aufweisen, ca. 8130 einen Alkoholmissbrauch betreiben und 20.325 eine potentiell gesundheitsschädigende Alkoholmenge konsumieren.

Die Alkoholabhängigkeit stellt in Deutschland ein erhebliches Problem dar. Aktuellen Schätzungen nach leiden 1,3 bis 1,6 Millionen Deutsche unter einer behandlungsbedürftigen Alkoholabhängigkeit. 2 Millionen betreiben einen Alkoholmissbrauch und weitere 5 Millionen betreiben einen potentiell gesundheitsgefährdenden Alkoholkonsum. Pro Jahr entstehen geschätzt direkte Kosten von 8,4 Milliarden Euro und indirekte Kosten von 16 Milliarden Euro aufgrund von Alkoholismus [11].

Wenn man die geschätzten Daten auf die Bevölkerung von Bielefeld überträgt, würde dies bedeuten, dass ca. 5285–6504 Bürger eine behandlungsbedürftige Alkoholabhängigkeit aufweisen, ca. 8130 einen Alkoholmissbrauch betreiben und 20.325 eine potentiell gesundheitsschädigende Alkoholmenge konsumieren [1, 3].

© Springer Fachmedien Wiesbaden 2016

15

H. Horter et al., *Systemimmanente Anreize im Pauschalierenden Entgeltsystem Psychiatrie und Psychosomatik (PEPP)*, Controlling im Krankenhaus, DOI 10.1007/978-3-658-12658-2_3

3.1 Formen der „Alkoholkrankheit"

Im aktuellen Abschnitt werden die Diagnosen gemäß den Diagnosekriterien des ICD-10 zusammengefasst.

Eine akute Alkoholintoxikation (F10.0) zeichnet sich durch das Auftreten mindesten einer Verhaltensauffälligkeit und einer deutlichen körperlichen Reaktion aufgrund von Alkoholeinfluss aus. Hierzu zählen unter anderem Enthemmung, Aggressivität, Affektlabilität, Störungen der Aufmerksamkeit, Einschränkungen der Urteilsfähigkeit, Gang- oder Standunsicherheit, eine verwaschene Sprache, Störungen der Augenmotorik oder des Bewusstseins [7].

Für die Diagnose eines schädlichen Alkoholgebrauches (F10.1) müssen über mindestens einen Monat hinweg aufgrund von Alkoholkonsum negative Folgen für das Sozialleben, die körperliche oder psychische Gesundheit aufgetreten sein. Beim Vorliegen einer Abhängigkeit ist der schädliche Gebrauch nicht mehr zu diagnostizieren [7].

Gemäß dem ICD-10 liegt eine Alkoholabhängigkeit vor (F10.2), wenn in den vergangenen 12 Monaten mindestens 3 der folgenden Kriterien vorlagen:

• Eingeschränkte Kontrollfähigkeit bezüglich Zeitraum und Menge des Konsums,
• Starkes Verlangen, Alkohol zu konsumieren,
• Auftreten eines körperlichen Entzugssyndroms,
• Toleranzentwicklung,
• Vernachlässigung anderer Interessen zugunsten des Konsums,
• Fortgesetzter Konsum trotz ersichtlicher negativer sozialer, körperlicher oder psychischer Folgen [7].

Das Entzugssyndrom von Alkohol (F10.3) zeichnet sich durch unterschiedlich starke, vorwiegend vegetative Symptome aus. Hierzu zählen Brechreiz, Durchfälle, Tachykardie, Hypertonie, Tachypnoe, vermehrtes Schwitzen, Tremor, innere Unruhe, gesteigerte Ängste, gedrückte oder gereizte Stimmung. Bei schweren Entzugssyndromen oder bei Patienten mit einer entsprechenden Veranlagung kann es auch zu epileptischen Anfällen kommen. Bei der schwersten Form des Entzugssyndroms, dem Delirium Tremens (F10.4), kommt es zusätzlich zu einem schweren vegetativen Entzugssyndrom, zu Störungen der Orientierung und oft auch des Bewusstseins, häufig zusammen mit optischen Halluzinationen [7].

3.2 Die verschiedenen Akteure in der Suchthilfe und -therapie

Geprägt von der deutschen Sozialgesetzgebung, der strikten Trennung ambulanter und stationärer medizinischer Angebote und verschiedener in der Suchtbehandlung aktiver Gruppen, hat sich in Deutschland ein komplexes Suchthilfesystem entwickelt, das sich nur schwer mit den Systemen anderer Länder vergleichen lässt. Neben vollstationären, teilstationären und ambulanten medizinischen Behandlungen gibt es verschiedene komplementäre Hilfsstrukturen wie Eingliederungshilfen, Selbsthilfeorganisationen und Beratungsstellen. Zusätzlich unterscheiden sich die Heilbehandlungen nach Ihrem Zweck und damit auch nach ihrem Kostenträger, der neben einer gesetzlichen (oder privaten) Krankenkasse auch die deutsche Rentenversicherung sein kann.

Im Rahmen dieser Trennung gab es im vollstationären Bereich eine traditionelle Unterscheidung zwischen der Akutbehandlung, die in einem somatischen Krankenhaus oder einer psychiatrischen Klinik stattfindet und von den Krankenkassen bezahlt wird und der Entwöhnungsbehandlung, die in der Regel in einer Rehabilitationsklinik stattfindet und meist von der Rentenversicherung bezahlt wird [9].

3.3   Stationäre Behandlung der Alkoholabhängigkeit

Gerade unter der Perspektive einer kosteneffektiven Behandlung kommt oft die Frage auf, wann wirklich vollstationäre Behandlungen notwendig sind. Gemäß der deutschen S3-Leitlinie „Screening, Diagnose und Behandlung alkoholbezogener Störungen" [10], die sich in diesem Zusammenhang auf die „NICE-Guidelines" bezieht, ist dies der Fall, wenn einer der folgenden Punkte erfüllt ist:

- Hohes Komplikationsrisiko (z. B. für ein Delirium Tremens oder epileptische Anfälle im Entzug),
- Reduzierter Allgemeinzustand oder ausgeprägte somatische Komorbidität,
- Schwere psychische Komorbidität, zum Beispiel mit psychotischem Erleben oder Suizidalität,
- Relevante kognitive Defizite,
- Unzureichende soziale Unterstützung oder ein den Behandlungserfolg behinderndes Umfeld.

Die einfachste Form der stationären Behandlung der Alkoholabhängigkeit ist die rein körperliche Entgiftung, wie sie in vielen psychiatrischen, aber auch somatischen Krankenhäusern durchgeführt wird. Diese dient der Vermeidung von (körperlichen) Komplikationen und dauert nur wenige Tage [10]. Viele Patienten schaffen es hiernach nicht in eine anschließende Rehabilitationsbehandlung oder eine andere weiterführende Therapiemaßnahme. Zur Behandlung der psychischen Entzugssymptomatik (u. a. Konsumverlangen, kognitive Defizite, Unruhe, Schlafstörungen und Affektstörungen), zur Identifizierung möglicher komorbider psychischer Störungen und zur Therapie der Abhängigkeitserkrankung bestehen in diesem Rahmen keine Möglichkeiten. Auch kann an der Motivation ambivalenter Patienten unzureichend gearbeitet werden. Aus dieser Prämisse heraus entstand das Konzept der qualifizierten Entzugsbehandlung, die mit einer Behandlungszeit von bis 3 Wochen (in Ausnahmefällen bis 6 Wochen) die Lücke zwischen der rein körperlichen Entgiftung und einer anschließenden Entwöhnungsbehandlung schließen soll

[9]. Die Effektivität dieser Form der Behandlung wurde mittlerweile im Rahmen verschiedener Studien gezeigt [2, 6]. Als Alternative hierzu gibt es aber auch verschiedene teilstationäre und sogar ambulante Programme [4].

Die klassischen stationären Entwöhnungsbehandlungen finden in Kliniken zur Rehabilitation statt und dauern bis zu acht Wochen bei einer so genannten Kurzzeittherapie und 10–16 Wochen bei einer Langzeittherapie [5]. Diese Maßnahmen müssen zuvor beantragt und genehmigt werden, was für viele Patienten eine erhebliche Hürde darstellt und einen direkten Übergang von einer kurzen somatischen Entgiftung unmöglich macht. Die Maßnahmen haben oft das Ziel der beruflichen Eingliederung, was oft nur mit einer längerfristigen Abstinenz oder zumindest einer geringen Rückfallfrequenz erreichbar ist [8].

Literatur

1. Statistisches Bundesamt (2014) Bevölkerung auf Grundlage des Zensus 2011. https://www. destatis.de/DE/ZahlenFakten/GesellschaftStaat/Bevoelkerung/Bevoelkerungsstand/Tabellen/ Zensus_Geschlecht_Staatsangehoerigkeit.html. Zugegriffen: 15. Mai 2015
2. Driessen M, Veltrup C, Junghanns K, Przywara A, Dilling H (1999) Cost-efficacy analysis of clinically evaluated therapeutic programs. An expanded withdrawal therapy in alcohol dependence. Nervenarzt 70(5):463–470
3. IT.NRW (2014) Einwohnerzahlen im Regierungsbezirk Detmold. http://www.it.nrw.de/statistik/ a/daten/bevoelkerungszahlen_zensus/zensus_rp7_juni14.html. Zugegriffen: 19. Mai 2015
4. Hintz T, Schmidt G, Reuter-Merklein A, Nakovics H, Mann K (2005) Qualifizierter ambulanter Alkoholentzug: Enge Kooperation zwischen Hausarzt und psychosozialer Beratungsstelle – Ergebnisse eines Modellprojektes. Dtsch Arztebl 102(18):A 1290–A 1295
5. DRV (2014) Leitlinien für die sozialmedizinische Begutachtung. http://www. deutsche-rentenversicherung.de/Allgemein/de/Inhalt/3_Infos_fuer_Experten/01_ sozialmedizin_forschung/downloads/sozmed/begutachtung/leitlinie_sozialmed_beurteilung_ abhaengigkeitserkrankungen.pdf?__blob=publicationFile&v=4. Zugegriffen: 30. Mai 2015
6. Loeber S, Kiefer F, Wagner F, Mann K, Croissant B (2009) Behandlungserfolg nach qualifiziertem Alkoholentzug. Nervenarzt 80(9):1085–1092. doi:10.1007/s00115-009-2724-2
7. Mann K, Berner MM, Günthner A (2012) Suchterkrankungen. In: Psychische Erkrankungen – Klinik und Therapie. Urban und Fischer, München, S 292–300
8. Missel P, Koch A, Arens J, Funke W, Köhler J, Lange N, Lindenmeyer J, Reymann G, Ridinger M, Soyka M, Hoch E, Mann K (2015) Entwöhnungsbehandlung und andere Formen der Postakutbehandlung. In: S3-Leitlinie „Screening, Diagnose und Behandlung alkoholbezogener Störungen". AWMF, Düsseldorf, S 288
9. Schäfer M, Wodarz N, Bonnet U, Hermann D, Schröder W, Reymann G, Veltrup C, Wessel B, Wieczorek A, Hoch E, Mann K (2015) Qualifizierte Entzugsbehandlung. In: S3-Leitlinie „Screening, Diagnose und Behandlung alkoholbezogener Störungen". AWMF, Düsseldorf, S 76–78
10. Schäfer M, Wodarz N, Bonnet U, Schröder W, Reymann G, Veltrup C, Wessel B, Wieczorek A, Mann K, Hoch E (2015) Körperliche Entgiftung. In: S3-Leitlinie „Screening, Diagnose und Behandlung alkoholbezogener Störungen". AWMF, Düsseldorf, S 68–73
11. Soyka M (2013) Nicht nur die Leber ist in Gefahr – Epidemiologie und Behandlung der Alkoholabhängigkeit. NeuroTransmitter 24(3):40–43

Fragestellung und Hypothesen

4

Zusammenfassung

Durch die Einführung des neuen Entgeltsystems mit den daraus resultierenden Veränderungen der vergütungsrelevanten Parameter werden Anreize zur Veränderung der Behandlungsroutinen gesetzt. Durch die bereits erfolgten Veränderungen des PEPP-Systems, wie zum Beispiel die Anpassung der Erlösdegression im Jahr 2014, wurden einige Kritikpunkte bereits aufgegriffen. Ziel des Buches soll es sein, einige dieser Anreize zu identifizieren und diese am Beispiel des EvKB anhand von Erlösveränderungen zu quantifizieren. Mit den ausgewerteten Daten und den durchgeführten Simulationen sollen verschiedene Hypothesen geprüft werden. Anhand der verifizierten bzw. falsifizierten Hypothesen werden später die möglichen Auswirkungen im ökonomischen Gesamtzusammenhang diskutiert.

Durch die Einführung des neuen Entgeltsystems mit den daraus resultierenden Veränderungen der vergütungsrelevanten Parameter werden Anreize zur Veränderung der Behandlungsroutinen gesetzt. Durch die bereits erfolgten Veränderungen des PEPP-Systems, wie zum Beispiel die Anpassung der Erlösdegression im Jahr 2014, wurden einige Kritikpunkte bereits aufgegriffen.

Ziel des Buches soll es sein, einige dieser Anreize zu identifizieren und diese am Beispiel des EvKB anhand von Erlösveränderungen zu quantifizieren. Mit den ausgewerteten Daten und den durchgeführten Simulationen sollen verschiedene Hypothesen geprüft werden:

a. Kürzere Behandlungen werden gefördert, und es werden Anreize zur früheren Entlassung/Verlegung geschaffen.
b. Es werden Anreize geschaffen, mehr Intensivbetreuungen oder intensivere Behandlungen durchzuführen bzw. zu kodieren.

© Springer Fachmedien Wiesbaden 2016
H. Horter et al., *Systemimmanente Anreize im Pauschalierenden Entgeltsystem Psychiatrie und Psychosomatik (PEPP)*, Controlling im Krankenhaus, DOI 10.1007/978-3-658-12658-2_4

c. Es entstehen Anreize zur Patientenselektion im Sinne von „lukrativeren" Patientengruppen.
d. Besonders kranke oder „schwierige" Patienten werden in der Vergütungsstruktur inadäquat abgebildet (z. B. solche mit häufigen Krisen oder Wiederaufnahmen).
e. Durch die verschiedenen Abrechnungssysteme für die somatischen und psychiatrischen Kliniken werden Anreize zur gezielten Verteilung/Verlegung zwischen diesen
   geschaffen.

Anhand der verifizierten bzw. falsifizierten Hypothesen werden anschließend die möglichen Auswirkungen im ökonomischen Gesamtzusammenhang diskutiert.

Methoden

5

Zusammenfassung

Zur Darstellung der systemimmanenten Anreize des PEPP-Systems werden verschiedene Methoden und Informationsquellen verwendet. Zunächst werden zur Modellentwicklung Informationen aus der Praxis verwendet, die im Rahmen einer Expertenbefragung erhoben werden. Hieraus werden dann Fallgruppen erstellt und ein Gruppierungsalgorithmus entwickelt, der es ermöglicht die einzelnen Fälle aus den Abrechnungsdaten des EvKBs den Gruppen zuzuordnen. Die so vorbereiteten Daten sind die Grundlage der statistischen Analyse des Datensatzes und der nachfolgenden Simulationen der Auswirkungen verschiedener Veränderungen der Behandlungsroutinen auf die Erlöse der Klinik.

Zur Darstellung der systemimmanenten Anreize des PEPP-Systems werden verschiedene Methoden und Informationsquellen verwendet. Zunächst werden zur Modellentwicklungen für die Simulation Informationen aus der Praxis verwendet, die im Rahmen einer Expertenbefragung erhoben werden. Zur weiteren Ausgestaltung wird auf Abrechnungsdaten des EvKB des Jahres 2014 zurückgegriffen. In der nachfolgenden statistischen Analyse des Datensatzes und der Fallgruppen werden die Eigenschaften der Fallgruppen erhoben und Unterschiede dargestellt. Sobald das Modell steht, werden hieran die Auswirkungen verschiedener Veränderungen der Behandlungsroutinen auf die Erlöse der Klinik simuliert.

5.1 Die Expertenbefragung

Zur Erstellung des Behandlungsmodells müssen zunächst Informationen aus der Praxis gesammelt werden. Aufgrund der eigenen allgemeinpsychiatrischen Arbeit in der Klinik für Psychiatrie des EvKB sind einige allgemeine Informationen, die bei dem ersten Ent-

© Springer Fachmedien Wiesbaden 2016   21
H. Horter et al., *Systemimmanente Anreize im Pauschalierenden Entgeltsystem Psychiatrie und Psychosomatik (PEPP)*, Controlling im Krankenhaus, DOI 10.1007/978-3-658-12658-2_5

wurf des Modells hilfreich waren, bereits vorhanden. Da es bei dem Modell jedoch um die Spezifika der Behandlung von Alkoholerkrankungen geht und im Rahmen der Analyse auch die Grenzen der Behandlungsparameter ausgetestet werden sollen, wird weiteres Expertenwissen benötigt. Da qualitative Daten benötigt werden und sich die weiteren Fragen auf die vorangegangenen Antworten beziehen sollen, ist ein leitfadengestütztes Experteninterview das Verfahren der Wahl.

Aufgrund der verschiedenen Behandlungsalgorithmen in den deutschen Kliniken und der vorliegenden Daten aus dem EvKB ist es von entscheidender Bedeutung, dass der Experte die Routinen im EvKB kennt. Daher ist wurde als Experte der leitende Oberarzt der Abteilung für Suchterkrankungen des EvKB herangezogen.

Strukturierung der Befragung

Um im Rahmen eines einzelnen Interviews die wichtigsten Informationen zu erheben und keine relevanten Punkte zu vernachlässigen, wird zur Vorbereitung des Interviews ein Leitfaden anhand von Leitfragen erstellt. Da die Problematik bereits im Vorfeld erläutert wurde, wird vor dem Interview das Projekt nur noch einmal kurz zusammengefasst, bevor zu der Befragung übergegangen wird.

Die vorformulierten Fragen sollen überwiegend als Richtschnur dienen und keinesfalls die Flexibilität des Interviewers einschränken. Je nachdem wie auf die Fragen geantwortet wird, können durch an den Kontext angepasste Folgefragen die Antworten konkretisiert oder aber auch das Gespräch auf die Thematik zurückgelenkt werden. Neben den Fragen werden ergänzende Stichpunkte aufgeführt, die bei der Befragung nützlich sein können. Sie können Hilfen sein, um die Fragen ggf. zu konkretisieren oder aber um zu überprüfen, ob mit der Antwort alle benötigten Informationen vorliegen. Gemäß der üblichen Systematik soll innerhalb der Unterthemen „trichterförmig" mit allgemeinen Fragen angefangen werden, die dann mit gezielten Detailfragen ergänzt werden können [1].

Leitfragen und Stichpunkte

1. In welche Gruppen würden Sie die Behandlungsfälle, von Patienten die im EvKB mit einer Alkoholerkrankung behandelt werden, für eine Simulation einteilen? (z. B. kurze Kriseninterventionen, Ausnüchterungen, somatische Entgiftungen, qualifizierte Suchtbehandlungen, so genannte „Drehtürpatienten").
2. Welche Parameter könnten zur Abgrenzung der einzelnen Gruppen untereinander verwendet werden? (z. B. Verweildauer, OPS-Codes, Betreuungsintensitäten, ergänzende Tagesentgelte, Fallzusammenführungen).
3. Welche Ausprägungen dieser Parameter würden Sie bei den einzelnen Gruppen ansetzen? (z. B. konkrete Behandlungsdauern – z. B. 3–7 Tage für die somatische Entgiftung ...).
4. Gäbe es Ausschlussparameter für bestimmte Gruppen? (z. B. Nebendiagnosen, höhere Betreuungsintensitäten ...).

5. Wenn Sie den Behandlungsverlauf der Patienten genau vorausplanen könnten, wie würde dieser für die einzelnen Gruppen aussehen? (Dauer der Behandlung, Anzahl und Art der Therapien, Betreuungsintensität, Behandlungsintervall).
6. Wie weit können bei den Behandlungsvarianten die einzelnen Parameter variiert werden? (Vor allem Dauer, wie lange sollte diese mindestens sein, wie lange höchstens, medizinisch vertretbar bzw. vor dem MDK zu rechtfertigen).
7. Angenommen, Sie hätten unbegrenzte Bettenkapazitäten, ließen sich die Anzahl der Behandlungsfälle in den einzelnen Gruppen erhöhen? Was würden sie schätzen wie weit? (Elastizität der Nachfrage).
8. Im Vorjahr konnten anhand der Therapiedokumentation nur wenige Patienten als qualifizierte Entgiftung abgerechnet werden. Wo würden Sie die Ursachen dafür sehen? (Qualität der Dokumentation, Anforderungen an QE, fehlende therapeutische Kapazitäten).
9. Bei intensiveren psychotherapeutischen Behandlungen mit 6 bzw. 8 Therapieeinheiten pro Woche kann sogar die PEPP PA02B abgerechnet werden. Sind derartige Therapieprogramme für die Behandlung von Alkoholabhängigkeiten denkbar? (Therapeutisch/betriebswirtschaftlich sinnvoll?).

Die Transkription des Interviews
Aufgrund des klaren inhaltlichen Schwerpunktes des Interviews wurde ein einfaches Transkriptionsverfahren gewählt. Dabei erfolgte eine Orientierung an den Transkriptionsregeln aus dem Leitfaden von Dresing und Pehl aus dem Jahr 2013, die auf dem Buch „Qualitative Evaluation. Der Einstieg in die Praxis." von Kuckartz et. al aus dem Jahr 2008 basierten [3].

5.2 Erstellung der vorläufigen Fallgruppen

Als Basis für die vorläufigen Fallgruppen dient zunächst die Einteilung des befragten Experten. Hierbei lassen sich zwei Oberkategorien bilden.

Die erste umfasst die kurzen Behandlungen, die im EvKB oft im so genannten Intensivbereich stattfinden und überwiegend aus Ausnüchterungen sowie auf den körperlichen Entzug ausgerichtete Behandlungen besteht. Kürzere Krisensituationen oder andere komorbide Suchterkrankungen können zusätzlich bestehen.

Bei der zweiten Kategorie dauert die Behandlung länger und sie umfasst neben der Ausnüchterung und der somatischen Entzugsbehandlung einen komplexeren Behandlungsauftrag, sei es aufgrund von Komorbidität, einer Motivationsbehandlung oder einer komplizierten sozialen Situation mit umfangreichem Handlungsbedarf.

Für die erste Oberkategorie wurden im Rahmen des Interviews vier mögliche Untergruppen angesprochen:

1. Ausnüchterungen,
2. Somatische Entgiftungen ohne weiteren Zusatzauftrag,

3. Somatische Entgiftungen mit zusätzlicher Arbeit für eine Krisenintervention oder „Problemlösungen",
4. Somatische Entgiftung kompliziert durch weiteren Suchtmittelkonsum.

Für die zweite Oberkategorie wurden 5 mögliche Untergruppen angesprochen:

1. Patienten mit komplexem sozialem Klärungsbedarf (z. B. desolate Lebenssituation, Wohnungslosigkeit),
2. Patienten mit neu festgestellten deutlichen kognitiven Defiziten bei hirnorganischer Schädigung (z. B. im Rahmen eines amnestischen Syndroms) und resultierendem Organisationsaufwand,
3. Patienten mit zusätzlichem Behandlungsbedarf durch komorbide psychische Erkrankungen (z. B. Depressionen, psychotische Erkrankungen oder PTBS),
4. Motivationsbehandlungen (z. B. qualifizierte Entzugsbehandlung)
   A. Im Rahmen des tagesklinischen Therapieprogramms (von Station aus),
   B. Mit dem stützenden Gruppentherapieprogramm auf Station.

Die im Interview erwähnten Patienten, die nach einer regulären Entgiftung in die Tagesklinik verlegt werden, werden aufgrund des Schwerpunktes der vollstationären Behandlung nicht als eigenständige Gruppe betrachtet. Nach der Verlegung in die Tagesklinik führen sie dort zu einem neuen teilstationären PEPP-Fall (ohne Fallzusammenführung), sodass dies keine Auswirkungen auf die Erlöse des vollstationären Falls hat. Als Ergebnis dieser Betrachtung werden sie als somatische Entgiftungen gewertet.

Anpassung der Fallgruppen
Abweichend von dieser aus ärztlicher Perspektive erfolgten Einteilung werden diese vorläufigen acht bzw. neun Gruppen für das Projekt noch weiter angepasst. Hierbei sollen neben pragmatischen Gesichtspunkten der Auswertbarkeit des Datensatzes auch die Bedeutung für die Erlöse berücksichtigt werden.

In den oben genannten Fallgruppen werden Fallzusammenführungen nicht differenziert. Die wiederholte Aufnahme eines Patienten innerhalb des Fallzusammenführungsintervalls von 21 Tagen führt ungefähr zu dem gleichen Aufwand wie die Aufnahme eines anderen bekannten Patienten. Für die Erlösberechnung ist es jedoch relevant, ob sie einzeln erfasst oder zusammengeführt werden. Anzunehmen wäre, dass dies vor allem bei den Kurzzeitbehandlungen eine große Rolle für die Erlöse spielt. Es soll daher für die Fälle mit Zusammenführung eine zusätzliche Fallgruppe erstellt werden. Diese hat dabei eine Sonderstelle, da die hierin enthaltenden Einzelfälle zusätzlich einer anderen Fallgruppe zuzuordnen sind. Neben einer eigenständigen Auswertung, um die Erlösdifferenzen durch die Fallzusammenführung zu quantifizieren, werden diese Fälle zusätzlich in den anderen Fallgruppen verarbeitet.

Aufgrund der zumindest bislang fehlenden Berücksichtigung hoher sozialarbeiterischer Aufwendungen in den Erlösen und den Schwierigkeiten, diese anhand der Informationen aus den Datensätzen zu unterscheiden, wird auf eine Trennung von den Entgiftungen mit und ohne erhöhten Aufwand für Problemlösungen etc. verzichtet.

Bei der Betrachtung der Gruppen 5 und 6 (hoher organisatorischer Klärungsbedarf wegen desolater Lebenssituation oder erhöhtem Betreuungsbedarf bei auffällig gewordenen kognitiven Defiziten) erscheint auch eine gemeinsame Erfassung sinnvoll, da beide Gruppen eine längere Verweildauer auszeichnet ohne hohen ärztlichen oder psychotherapeutischen Behandlungsaufwand, bei gleichzeitigem hohem sozialarbeiterischem Aufwand. Auch soll bei der Gruppierung für das Modell zunächst keine Unterscheidung gemacht werden, in welchem Rahmen die Motivationsbehandlungen stattfinden (Gruppenprogramm auf Station oder in der Tagesklinik von der Station aus).

Die vorläufigen Fallgruppen
Nach den vorgenommenen Anpassungen bleiben sechs Fallgruppen (FG) übrig, zuzüglich der Fallgruppe für Fallzusammenführungen.

FG1: Ausnüchterungen
FG2: Somatische Entgiftungen
FG3: Somatische Entgiftung kompliziert durch weiteren Suchtmittelkonsum
FG4: Patienten mit komplexem sozialem Klärungsbedarf (z. B. desolate Lebenssituation, Wohnungslosigkeit, Pflege-/Betreuungsbedarf)
FG5: Patienten mit zusätzlichem Behandlungsbedarf durch eine komorbide psychische Erkrankung (z. B. Depressionen, Schizophrenien oder PTBS)
FG6: Motivationsbehandlungen (z. B. qualifizierte Entzugsbehandlung)
FG7: Fälle mit Fallzusammenführungen

5.3 Abgrenzungskriterien der Fallgruppen

Das erste und einfachste Differenzierungsmerkmal ist die Verweildauer. Behandlungsdauern von < 24 h sprechen klar für eine Ausnüchterung ohne richtige Entgiftung. Schwieriger wird es hierbei eine valide Obergrenze zu entwickeln. Für die Dauer einer Ausnüchterung spielt eine Vielzahl von Faktoren eine Rolle. Neben institutionellen Faktoren wie dem zuständigen (Ober-)Arzt, Merkmalen des Patienten wie dessen physische Verfassung, Blutalkoholkonzentration und Behandlungs-/Entlassungswunsch spielen auch die Uhrzeit und der Wochentag der Aufnahme eine Rolle. Der Einfachheit halber wird nur mit dem Aufnahme- und Entlassungstag gearbeitet, hierbei würde es sich anbieten Patienten, die am Aufnahmetag oder spätestens am Tag danach entlassen werden, noch zu dieser Gruppe zu zählen. Dies würde einem Zeitraum von weniger als 48 h entsprechen.

Ab einem Entlassungstag zwei Tage nach dem Aufnahmetag würde zumindest von einer Entgiftungsbehandlung ausgegangen werden. Eine Obergrenze wäre hingegen deutlich schwieriger festzulegen. Gemäß den Informationen aus dem Interview sind die meisten Entgiftungen nach dem 3. bis 5. Tag entlassungsfähig. Umgekehrt brauchen die längeren Entzugsbehandlungen üblicherweise eine zusätzliche Woche und zum Teil deutlich mehr, sodass der Korridor für die Abgrenzung der Entgiftungen zu den längeren Behandlungen zwischen dem 5. und 10. Behandlungstag liegen müsste. Im Folgenden wird mit dem Zeitraum von einer Woche (Aufnahmetag + 6) für Entgiftungen ohne relevante weitere Abhängigkeitserkrankung als ungefährem Mittelwert zwischen diesen Grenzwerten gearbeitet. Bei einem komplizierenden zusätzlichen Suchtmittelkonsum (Tabak ausgenommen) werden 2 zusätzliche Tage zugelassen.

Ein weiteres Differenzierungsmerkmal sind die Nebendiagnosen. Sie helfen bei den kürzeren Behandlungen zum Identifizieren eines relevanten zusätzlichen Suchtmittelkonsums und bei den längeren Behandlungen zur Identifizierung einer behandlungsbedürftigen komorbiden psychischen Erkrankung. Im Folgenden werden die Diagnosecodes gemäß dem ICD-10 verwendet.

Angelehnt an das PEPP-Definitionshandbuch würden in diesem Zusammenhang als relevanter zusätzlicher Suchtmittelkonsum die Diagnosengruppen F11.X, F12.X, F13.X, F14.X, F15.X, F16.X, F18.X und F19.X gelten. Die Störungen durch Tabakkonsum (F17.X) werden aufgrund der hohen Prävalenz und dem geringen Einfluss auf die Behandlung nicht aufgenommen [2].

Die Auswahl der relevanten komorbiden psychischen Störungen, deren Behandlung neben der Alkoholabhängigkeit notwendig ist, erfolgt angelehnt an die in den S3-Leitlinien der Arbeitsgemeinschaft der Wissenschaftlichen Medizinischen Fachgesellschaften (AWMF) „Screening, Diagnose und Behandlung alkoholbezogener Störungen". Hier werden beispielhaft Schizophrenien, Depressionen, bipolare affektive Störungen, Angststörungen, posttraumatische Belastungsstörungen, Aufmerksamkeitsdefizit-/Hyperaktivitätsstörung (ADHS), Essstörungen, Nikotinabhängigkeit, andere Substanzstörungen und Persönlichkeitsstörungen genannt [4]. An dieser Stelle werden die Behandlungen anderer komorbider Abhängigkeitserkrankungen nicht von der Motivationsbehandlung für nur alkoholabhängige Patienten getrennt. Unter Berücksichtigung der Schwere der Erkrankungen und deren Einfluss auf die vollstationäre Behandlung der Patienten würden die Diagnosen F20.X (Schizophrenien), F23.X (akute vorübergehende psychotische Störungen), F25.X (schizoaffektive Störungen), F31.X (bipolare Störungen), F32.1-3 (mittelgradige und schwerere depressive Episoden), F33.1-3 (mittelgradige und schwerere depressive Episoden bei rezidivierender depressiver Störung), F43.1 (posttraumatische Belastungsstörung), F40.0X, F40.1, F41.0, F41.2 (Angststörungen wie Agoraphobie, soziale Phobien, Panikstörung, generalisierte Angststörung), F50.0-3 (Anorexia nervosa und Bulimia nervosa) und F60.3X (emotional instabile Persönlichkeitsstörungen) als Unterscheidungskriterium verwendet werden. Eine Behandlung einer ADHS im Erwachsenenalter erfolgt in der Regel nicht vollstationär in der Akutpsychiatrie.

Für die Identifizierung der Motivationsbehandlung sollen bestimmte Prozedurenkodes für die entsprechenden (Gruppen-)Therapieprogramme herangezogen werden. Aufgrund der unklaren Dokumentationsqualität und weil keine Übereinstimmung mit den Kriterien des PEPP-Systems für eine qualifizierte Entzugsbehandlung gewünscht ist, werden nicht nur Fälle mit dem OPS-Code für eine qualifizierte Entzugsbehandlung aufgenommen, sondern auch solche Patienten mit einer hohen Anzahl von Therapieeinheiten (ärzt-lich/psychologisch oder pflegerisch/spezialtherapeutisch). Die Grenze hierfür soll unter Berücksichtigung der Menge der kodierten Behandlungseinheiten erfolgen. Zusätzlich wird an dieser Stelle für eine echte Motivationsbehandlung eine minimale Verweildau-er von insgesamt 12 Tagen gefordert. Die verbleibenden Fälle werden in die Gruppe der Patienten mit vorwiegend sozialem Klärungsbedarf eingeordnet.

5.4 Erstellung des Gruppierungsalgorithmus

Um eine eindeutige Zuordnung der Fälle aus der Datenbank (Hauptdiagnose F10.X) in höchstens eine der Standardfallgruppen zu erreichen, wird ähnlich wie beim PEPP-Sys-tem ein Gruppierungsalgorithmus erstellt. Anhand mehrerer hintereinander geschalteter Abfragen, die für jeden Fall einzeln durchlaufen werden, erfolgt eine Sortierung. Die Rei-henfolge der Abfragen hat dabei einen erheblichen Einfluss auf die Zuteilung. Sobald der Fall einer Fallgruppe zugeordnet ist, werden die noch ausstehenden Abfragen nicht mehr durchgeführt.

Zuerst wird geprüft, ob der Fall mit mindestens einem weiteren zusammengeführt wird. Ist dies der Fall, erfolgt eine Zuordnung zu FG7, ansonsten erfolgt der nächste Prüfungs-schritt. Als nächstes wird abgefragt, ob die Entlassung am Aufnahmetag oder am Tag danach erfolgt. Trifft dies zu, erfolgt die Zuordnung zu FG1. In der nächsten Stufe wird geprüft, ob die Verweildauer maximal 9 Tage beträgt und ob gleichzeitig ein zusätzli-cher relevanter Suchtmittelkonsum vorliegt (Diagnosen s. o.). Nur wenn beide Kriterien erfüllt sind, erfolgt die Zuordnung zu FG3. Als nächstes wird geprüft, ob die Behandlung maximal 7 Tagen gedauert hat. Ist dies der Fall, erfolgt die Zuordnung zu FG2. Wenn nicht, wird geprüft, ob eine relevante komorbiden psychische Erkrankung vorliegt. Wenn ja, erfolgt die Einordnung in FG5. Im letzten Prüfungsschritt wird nun kontrolliert, ob (ausreichend viele) Prozedurenkodes vorliegen, die auf eine Motivationsbehandlung hin-deuten. Ist dies der Fall, erfolgt die Einordnung in FG6, sonst in FG4.

Zur besseren Übersicht ist eine graphische Darstellung des Algorithmus, angelehnt an die Darstellungsform des PEPP-Definitionshandbuches erstellt worden (Abb. 5.1).

Die Fallgruppe 7 hat dabei eine Sonderstellung. Würde man von dem Kriterium der Fallzusammenführungen absehen, könnten die hier erfassten Fälle zu jeder der anderen Fallgruppen gehören. Im Rahmen der Fallzusammenführungen könnten Einzelfälle aus verschiedenen Gruppen zu einem neuen Fall zusammengeführt werden, der dem erstell-ten Gruppierungsalgorithmus nach in eine dritte Fallgruppe fallen würde, aber inhaltlich hier nicht hin gehört. Als Beispiel könnten aus zwei Ausnüchterungen (FG1) und einer somatischen Entgiftung (FG2) ein Sammelfall erstellt werden, der die Kriterien der Fall-gruppe 4 erfüllt (komplexer sozialer Klärungsbedarf).

Im Rahmen der weiteren Auswertung würden die Einzelfälle gemäß der PEPP-Re-geln für die Berechnung der Relativgewichte und der Erlöse zusammengeführt. Zusätzlich durchlaufen die Einzelfälle noch einmal den oben stehenden Gruppierungsalgorithmus ab

Abb. 5.1 Der Gruppierungsalgorithmus. FG Fallgruppe;
VWD Verweildauer; T. Tage;
psych. psychische; QE qualifizierte Entzugsbehandlung).
(Eigene Darstellung)

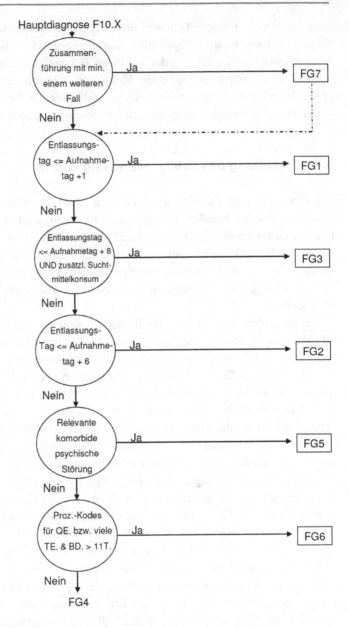

Hauptdiagnose F10.X

Zusammen-
führung mit min. — Ja → FG7
einem weiteren
Fall

Nein

Entlassungs-
tag <= Aufnahme- — Ja → FG1
tag +1

Nein

Entlassungstag
<= Aufnahmetag + 8 — Ja → FG3
UND zusätzl. Sucht-
mittelkonsum

Nein

Entlassungs-
Tag <= Aufnahme- — Ja → FG2
tag + 6

Nein

Relevante
komorbide — Ja → FG5
psychische
Störung

Nein

Proz.-Kodes
für QE. bzw. viele — Ja → FG6
TE. & BD. > 11T.

Nein

FG4

dem zweiten Schritt. Zum einen sollen die Fälle später noch der zugehörigen normalen
Fallgruppe zugeordnet werden, zum anderen für die Auswertung als Sondergruppe, um
zu erfassen, aus welchen Fallgruppen diese Fälle vorwiegend stammten. Anzunehmen
wäre, dass dies vorwiegend die Fallgruppen mit den kürzeren Liegezeiten betrifft, was im
Rahmen der Auswertung noch zu belegen wäre.

Literatur

1. Helfferich C (2014) Leitfaden- und Experteninterviews. In: Baur N, Blasius J (Hrsg) Handbuch Methoden der empirischen Sozialforschung. Springer VS, Wiesbaden, S 559–574
2. Pauschalierendes Entgeltsystem Psychiatrie/Psychosomatik, Version 2015 – Definitionshandbuch (2014) InEK. S 213–221
3. Praxisbuch Interview, Transkription & Analyse. Anleitungen und Regelsysteme für qualitativ Forschende. (2013) www.audiotranskription.de/praxisbuch. Zugegriffen: 28.05.2015
4. Preuß UW, Beutel M, Gouzoulis-Mayfrank E, Havemann-Reinecke U, Weber T, Weil G, Schäfer I, Singer M, Mann K, Hoch E (2015) Komorbide psychische Störungen. In: S3-Leitlinie „Screening, Diagnose und Behandlung alkoholbezogener Störungen". AWMF, Mannheim, S 130–223

Zusammenfassung

Im Rahmen der Untersuchung wird mit einem exportierten Datensatz von Patienten mit einer F10.X-Diagnose aus dem Jahr 2014 gearbeitet. Aufgrund der Größe des Datensatzes müssen einige Aufbereitungsschritte automatisiert durchgeführt werden. Es werden dafür selbst programmierte VBA (Visual Basic for Applications)-Programme in Form von so genannten Makros verwendet. Personenbezogene Daten werden pseudonymisiert und nicht benötigte oder redundante Spalten entfernt. Ergänzend zu den Standardparametern des Datensatzes werden zusätzliche Parameter anhand der erfassten OPS-Codes errechnet. Aufgrund der Veränderungen zwischen den PEPP-Versionen der Jahre 2014 und 2015 müssen die Daten teilweise konvertiert werden, anschließend erfolgt die Zuordnung der Falldaten zu den einzelnen Gruppen anhand des zuvor definierten Gruppierungsalgorithmus.

Im Rahmen der Untersuchung wird mit einem exportierten Datensatz im XLS-Format aus dem PEPP-Modul der Data-Warehaus-Anwendung eisTIK.NET gearbeitet. Dabei wird ein Datensatz ausgewählt von Patienten mit einer F10.X-Diagnose, die im Jahr 2014 aufgenommen wurden. Dies sind mehrheitlich Patienten mit einer entsprechenden Hauptdiagnose, bei einigen Patienten wurde jedoch in der abschließenden Bewertung eine andere Hauptdiagnose gewählt. Wegen der möglichen Relevanz für Fallzusammenführungen erfolgt die Bereinigung dieser Fehldaten erst an späterer Stelle.

Die Bearbeitung des Datensatzes erfolgte mit Microsoft Excel (Version 2003).

Da der Datensatz nicht benötigte personenbezogene Daten wie den vollen Namen beinhaltet, viele Einträge mehrfach vorhanden sind und viele Spalten redundante oder nicht benötigte Inhalte haben (z. B. das Patientenalter in Tagen), wird dieser vor der eigentlichen inhaltlichen Auswertung überarbeitet. Nicht benötigte Spalten wurden manuell entfernt. Wegen der Größe des ursprünglichen Datensatzes (3232 Datenzeilen) können viele Schritte jedoch nicht manuell erfolgen. Hierfür finden kleine, selbst programmierte VBA (Visual

H. Horter et al., *Systemimmanente Anreize im Pauschalierenden Entgeltsystem Psychiatrie und Psychosomatik (PEPP)*, Controlling im Krankenhaus, DOI 10.1007/978-3-658-12658-2_6

Basic for Applications)-Programme in Form von so genannten Makros Anwendung. Im Folgenden wird nur der grobe Ablauf der Makros beschrieben.

Zur sicheren Erkennung doppelter Einträge werden durch das erste Makro alle Datenzeilen durchgegangen. Dabei wird jede Zeile mit ihren Folgezeilen verglichen. Stimmen Name, Aufnahmedatum und Aufnahmezeit vollständig überein, wird die doppelte Folgezeile entfernt.

Zum Datenschutz von personenbezogenen Daten werden Name und Geburtsdatum mit einem weiteren Makro pseudonymisiert. Hierbei werden in einem ersten Schritt Vorname, Nachname, Geburtsjahr, Geburtsmonat und Geburtstag in separaten Variablen erfasst und danach hieraus ein Pseudonym erstellt. Dabei wird nach folgendem System verfahren: Letzter Buchstabe Vorname, erste zwei Buchstaben Nachname, dritter und vierter Buchstabe Vorname, letzte zwei Buchstaben Nachname, Geburtstag x Geburtsmonat, Geburtsjahr. So wird aus dem Namen „Mustermann, Moritz" und dem Geburtsdatum „08.08.1980" das Psyeudonym „zMurinn641980". Trotz der Größe des Datensatzes führt dies zu einer eindeutigen Unterscheidung ohne eine einfache direkte Zuordnung zu der Person zu ermöglichen.

Ergänzend zu den Standardparametern des Datensatzes werden zusätzliche Parameter anhand der erfassten OPS-Codes errechnet. Hierzu gehören die erbrachten Therapieeinheiten von Ärzten oder Psychologen bzw. Spezialtherapeuten oder Pflegekräften. Mittels Makro werden für jeden Fall die erfassten OPS-Codes durchgegangen und die hierin enthaltenden Therapieeinheiten aufaddiert. Da auch hier Kategorien kodiert sind (z. B. „9-605.3": Regelbehandlung bei psychischen und psychosomatischen Störungen und Verhaltensstörungen bei Erwachsenen mit durch Ärzte und/oder Psychologen erbrachten Therapieeinheiten: mehr als 6 bis 8 Therapieeinheiten pro Woche) wird mit Durchschnittswerten gerechnet. Etwas einfacher ist die Erfassung der kodierten qualifizierten Entzugsbehandlungstage. Dabei werden für alle Fälle die OPS-Codes nach einem Code für eine qualifizierte Entzugsbehandlung durchgegangen und der entsprechende Wert in einer zusätzlichen Zeile eingetragen.

6.1 Konvertierung der Daten von 2014 für das 2015er PEPP-System

Es werden Datensätze aus dem Jahr 2014 verarbeitet, die nach den PEPP-Regeln des Jahres 2014 ausgewertet wurden. Da ihm Rahmen der vorliegenden Analyse das PEPP-System für 2015 beurteilt werden soll, sind einige Veränderungen notwendig, um eine bestmögliche Übertragung zu gewährleisten. Eine vollständige Konvertierung ist aufgrund der veränderten OPS-Codierung nicht möglich, wobei sich die im Rahmen dieses Buches relevanten Veränderungen in Grenzen halten. Ein Beispiel hierfür wäre die Kodierung einer qualifizierten Entzugsbehandlung. Im PEPP-System von 2013 wird mit den OPS-Codes „9-700.0" bis „9-700.4" eine Einteilung in abgebrochene Behandlungen von weniger als 7 Tagen, Behandlungen von 7–14 Tagen, 15–21 Tagen, 21–28 Tagen und mehr als 28 Tagen vorgenommen. Ab 2015 werden diese Codes durch die Codes „9-647.0" bis

„9-647.u" abgelöst und es erfolgt eine taggenaue Erfassung der Dauer der qualifizierten Entzugsbehandlung. An dieser Stelle wird bei der Konvertierung mit den Durchschnittswerten der Wertbereiche gearbeitet. Bei der letzten Kategorie ab 29 Behandlungstagen wird analog zu den vorherigen Kategorien von einem fiktiven bis Wert von 32 Tagen ausgegangen. Eine Konvertierung des Datenmaterials von 2013 wäre ungenauer und die Vergleichbarkeit innerhalb der Datensätze wäre eingeschränkt, sie erfolgt daher nicht [1, 2].

Seit 2015 gibt es ergänzende Tagesentgelte [3]. Um diese zu erfassen, werden mit einem erstellten Makro für jeden Fall die OPS-Codes durchgegangen. Dabei werden relevante OPS-Codes erfasst und gemäß ihrer Gültigkeitsdauer aufaddiert. Anschließend wird das errechnete Relativgewicht in eine neue Spalte eingetragen.

Sowohl in den 2014er Abrechnungsregeln als auch in denen von 2015 gibt es für die Behandlung von Abhängigkeitserkrankungen die PEPP-Codes PA02A bis PA02D. Dabei entsprechen sich die Einteilungen weitestgehend. Neben der veränderten OPS-Codierung der qualifizierten Entzugsbehandlung kann im System von 2015 ein Opiatkonsum mit Hinweisen auf einen intravenösen Konsum mittels so genannter Surrogatparameter als Begründung für die Kodierung des PEPP PA02A ausreichen [1, 2]. Im Rahmen der Analyse wird dies mittels eines eigenen Makros geprüft. Dieses vergleicht die einzelnen ICD-Codes der Nebendiagnosen mit der Liste der ICD-Kodes eines entsprechenden Opiatkonsums und der Liste der Surrogatparameter. Sind beide Kriterien erfüllt, bekommt der Fall die PEPP PA02A zugewiesen.

Der Code PA02B nach den Regeln von 2014 umfasst auch die „Intensivbehandlung von Erwachsenen mit 3 oder mehr Merkmalen mit hohem Anteil". Im System von 2015 fällt dies in die Kategorie PA02C, und es werden zusätzliche Tagesentgelte für die Behandlung angerechnet [1, 2]. Auch diese Korrektur wird mittels eines Makros durchgeführt. Für jeden Fall, der nach dem PEPP-System 2014 als PA02B codiert ist, wird geprüft, ob eine der dies begründenden Nebendiagnosen vorliegt. Wenn nicht und wenn gleichzeitig ein entsprechender Anteil von Zeiten mit 3 Intensivmerkmalen oder mehr vorhanden ist, wird eine Warnung in eine zusätzliche Spalte eingetragen. Nach einer manuellen Prüfung, ob das letzte, noch nicht geprüfte Kriterium für PA02B vorliegt und die Funktion „Mäßig erhöhter Betreuungsaufwand bei Erwachsenen, 1:1-Betreuung und Kriseninterventionelle Behandlung" erfüllt ist, erfolgt dann eventuell die Umgruppierung.

Ein weiterer Unterschied ist, dass nach dem Definitionshandbuch von 2015 ein zusätzlicher relevanter Substanzkonsum als Nebendiagnose für die PEPP PA02C ausreicht [1, 2]. Ein Makro prüft die Nebendiagnosen aller Fälle auf die entsprechenden DRG-Codes. Liegt ein solcher vor und der PEPP-Code des Falles nach dem System von 2014 ist PA02D, so wird diese auf PA02C geändert.

Zu berücksichtigen ist die veränderte Berechnung der Behandlungstage. Ab 2015 zählen nach dem PEPP-System Aufnahme- und Entlassungstag als zwei Tage, soweit Aufnahme und Entlassung nicht auf den gleichen Tag fallen [4]. Im hierfür zuständigen Makro wird anhand von Aufnahme- und Entlassungstag die Verweildauer für jeden Fall neu errechnet.

Anhand der Verweildauer, des PEPP-Codes und der ergänzenden Tagesentgelte (eT) lässt sich mit dem Entgeltkatalog von 2015 der Erlös in Relativgewichten errechnen. Auch für das Auslesen der Relativgewichte pro Behandlungstag wurde ein Makro programmiert, wobei je nach PEPP-Code die Verweildauer mit einer Liste abgeglichen wird, um das entsprechende Relativgewicht pro Tag zu erhalten. Multipliziert mit der Verweildauer ergibt sich der Erlös in Relativgewichten (ohne eT). Mit einem Basisentgeltwert können hieraus die Erlöse in Euro errechnet werden.

6.2 Teilung des Datensatzes in die Fallgruppen

Nachdem das Datenmaterial aufbereitet wurde, erfolgt schließlich die Aufteilung der Fälle auf die einzelnen Fallgruppen nach dem zuvor definierten Gruppierungsalgorithmus (vgl. Abschn. 5.4). Für die Erstellung der Fallgruppe 7 werden im ersten Schritt hierfür die Fälle ausselektiert, die Teil einer Fallzusammenführung sind. Im Datensatz gibt es eine Zeile, in der die Fallnummer des ersten Falles einer Fallzusammenführung steht. Bei Fällen, die nicht Teil einer Zusammenführung sind, oder bei dem ersten Fall einer solchen Kette, ist diese Zeile leer. Um alle diese Fälle selektieren zu können, wird zunächst mit einem Makro auch dem ersten Fall der Kette die eigene Fallnummer in dieser Spalte zugewiesen. Danach kann der Datensatz nach den Fallnummern der Zusammenführungen sortiert und diese in eine neue Arbeitsmappe kopiert werden.

Eine Ausnahme sind die Fälle, die Teil einer Zusammenführung über den Jahreswechsel 2013/2014 oder 2014/2015 sind. Aufgrund der Schwierigkeiten der Auswertung der Daten von 2013 werden an dieser Stelle alle Fälle aus 2013 als nicht existent bewertet. Analog wird mit dem Fällen aus 2015 verfahren. Gibt es eine Fallnummer in der Zusammenführungsspalte nur einmal, wird sie im Hauptdatensatz belassen. Diese Auswahl geschieht manuell.

Als nächstes werden die verbleibenden Fälle bereinigt nach solchen mit einer anderen endgültigen Hauptdiagnose. Dafür werden die Fälle nach Hauptdiagnosen sortiert und alle ohne eine F10.X Hauptdiagnose entfernt. Analog wird mit Fällen verfahren, die keinen regulären PEPP-Code haben, sondern nur mit einem Fehlerkode versehen sind.

Es folgt die Zusammenstellung der Fallgruppe 1 („Ausnüchterer"). Hierfür werden die verbleibenden Fälle nach der Liegedauer sortiert und alle Fälle mit einer Verweildauer von maximal 2 Tagen (nach den Regeln des PEPP-Systems von 2015) in einen neuen Datensatz verschoben.

Für die Trennung der Fallgruppe 3 (Entgiftung bei komorbidem Substanzkonsum) wird wieder ein Makro verwendet. Für jeden Fall werden die Nebendiagnosen nach den ICD-Kodes F11.X bis F16.X und F18.X bis F19.X durchsucht. Wenn eine solche Diagnose vorliegt und die Verweildauer weniger als 10 Tage beträgt, werden die Daten des Falles in eine neue Tabelle kopiert und anschließend die Zeile entfernt.

Die Trennung der Fallgruppe 2 (einfache Entgiftungen) erfolgt wiederum manuell. Hier reicht eine erneute Sortierung der verbleibenden Fälle nach der Verweildauer. Alle Fälle mit einer Verweildauer von maximal 7 Tagen werden in eine neue Tabelle kopiert.

Im nächsten Schritt werden die Nebendiagnosen der verbleibenden Fälle für die Erstellung der Fallgruppe 5 (relevante komorbide psychische Störung) mittels eines Makros mit der oben definierten Diagnoseliste abgeglichen. Bei einer Übereinstimmung wird der Fall in eine neue Tabelle kopiert.

Bei dem verbleibenden Datenmaterial muss eine Zwischenauswertung stattfinden zur Definition der weiteren Abgrenzungsmerkmale zur Trennung der verbleibenden zwei Fallgruppen. Von den noch übrigen 315 Fällen haben nur 6 Prozedurencodes einer qualifizierten Entzugsbehandlung. Bei 163 von 315 Fällen sind keine ärztlichen oder psychotherapeutischen Therapieeinheiten in den Prozedurenkodes erfasst. Fasst man die ärztlichen bzw. psychologischen Therapieeinheiten mit den pflegerischen bzw. spezialtherapeutischen Therapien zusammen, so werden bei den verbleibenden Fällen im Durchschnitt ca. 2,229 Therapieeinheiten pro Woche durchgeführt. Im Weiteren werden alle Fälle mit einer überdurchschnittlichen Therapiedichte ab 2,23 Therapieeinheiten pro Woche und einer Verweildauer von mindestens 12 Tagen, sowie solche Fälle mit einer dokumentierten qualifizierten Entzugsbehandlung in die Fallgruppe 6 eingeordnet. Die verbleibenden kommen in Fallgruppe 4.

6.3   Besondere Aufbereitung der Fallgruppe 7

Die Einzelfalldaten der Fallgruppe 7 bedürfen einer weiteren Aufbereitung. In einem ersten Schritt erfolgt eine Zusammenführung der Einzelfälle zu Sammelfällen, auch dies geschieht mit Hilfe eines Makros. Da ein reguläres Grouping dieser neuen Fälle gemäß des PEPP-Handbuches einen kompletten Nachbau des Groupers benötigen würde, wurde hiervon an dieser Stelle abgesehen (vgl. Abschn. 6.1). Stattdessen wurde auf einen vereinfachten Algorithmus zurückgegriffen, der im Ergebnis dem neuen Grouping nahe kommt. Hierbei werden die Behandlungstage der zusammengehörigen Einzelfälle zusammenaddiert und der PEPP-Code, der für die Mehrheit der Behandlungstage Gültigkeit hat, für den gesamten Sammelfall angewendet. Analog wird mit den vergebenen Hauptdiagnosen verfahren. Sollte es keinen Einzelkode geben, der überwiegend gültig ist, so wird dies in die entsprechende Spalte eingetragen. Es erfolgt danach eine manuelle Einzelfallprüfung dieser Fälle, angelehnt an das Definitionshandbuch. Daneben werden einige weitere Falldaten erfasst und in eine neue Tabelle zusammenkopiert.

Im nächsten Aufbereitungsschritt werden die Hauptdiagnosen der Sammelfälle verglichen. Solche, die nicht eine F10.X-Hauptdiagnose haben, werden mit einem Makro entfernt, ebenso die zugehörigen Einzelfalldaten. Im dem Fall, dass zwei verschiedene Hauptdiagnosen gleich lange gültig sind, wird gemäß der PEPPV 2015 die Hauptdiagnose des zeitlich früheren Falles genommen. Anschließend wird mit dem Makro zur Erlösberechnung der Grunderlös des Sammelfalles errechnet. Ein zusätzliches Makro errechnet das Verhältnis der Erlöse der Summe der Einzelfälle zu dem jeweiligen Sammelfall. Hierbei wird jedoch der Grunderlös ohne ergänzende Tagesentgelte genommen, da diese durch die Fallzusammenführung nicht beeinflusst werden.

Zur weiteren Auswertung der Zusammensetzung der Einzelfälle der Fallzusammenführungen wurden diese analog zum Abschn. 6.2 in die Fallgruppen 1 bis 6 aufgeteilt. Für die weitere Verwendung dieser Fälle in den normalen Fallgruppen werden anschließend die Einzelfälle mit den angepassten Erlösen in die Datensätze der entsprechenden Gruppe kopiert.

Literatur

1. Pauschalierendes Entgeltsystem Psychiatrie/Psychosomatik, Version 2014 – Definitionshandbuch (2013) InEK. S 150–154
2. Pauschalierendes Entgeltsystem Psychiatrie/Psychosomatik, Version 2015 – Definitionshandbuch (2014) InEK. S 213–221
3. Vereinbarung zum pauschalierenden Entgeltsystem für psychiatrische und psychosomatische Einrichtungen für das Jahr 2015 (PEPPV 2015) zwischen dem GKV-Spitzenverband, dem Verband der Privaten Krankenversicherung und der Deutschen Krankenhausgesellschaft. (2014) § 1 Abs. 1
4. Vereinbarung zum pauschalierenden Entgeltsystem für psychiatrische und psychosomatische Einrichtungen für das Jahr 2015 (PEPPV 2015) zwischen dem GKV-Spitzenverband, dem Verband der Privaten Krankenversicherung und der Deutschen Krankenhausgesellschaft. (2014) § 1 Abs. 3

Deskriptive statistische Analyse des Datensatzes und der Fallgruppen 7

Zusammenfassung

Mit Hilfe der Mittelwerte einiger zentraler Kennzahlen und der relativen Verteilung der nicht metrischen Variablen, soll die Simulation der Auswirkungen von Veränderungen der Behandlungen auf die Erlöse erfolgen. Dabei muss für das Modell mindestens ein Datensatz zusammengestellt werden, der eine Simulation der abrechnungsrelevanten Parameter ermöglicht. Für die regulären Fallgruppen 1 bis 6 sollen die Anzahl der Behandlungstage, die Verteilung der PEPP-Codes, die durchschnittlichen Erlöse je Tag ohne ergänzende Tagesentgelte (eT), die absoluten Erlöse aus eT, die Erlöse aus eT pro Behandlungstag, die Anzahl der Fälle und der Anteil der Behandlungstage an der Gesamtzahl der ausgewerteten Daten erfasst werden. Zusätzlich soll unter Einbeziehung der Fallgruppe 7 der Anteil der Fälle mit einer Fallzusammenführung und deren Auswirkung auf die Erlöse erfasst werden. Weitere Daten, wie zum Beispiel der Aufnahmestatus (z. B. Normalfall oder Notfall) und Entlassungsstatus (u. a. regulär, gegen ärztlichen Rat, Verlegung) werden außerhalb der Simulationen u. a. als mögliche Indikatoren für die Planbarkeit der Behandlung verwendet.

Mit Hilfe der Mittelwerte einiger zentraler Kennzahlen und der relativen Verteilung der nicht metrischen Variablen soll später die Simulation der Auswirkungen von Veränderungen der Behandlungen auf die Erlöse erfolgen. Dabei muss für das Modell mindestens ein Datensatz zusammengestellt werden, der eine Simulation der abrechnungsrelevanten Parameter ermöglicht.

Die statistische Auswertung der Daten erfolgt mittels Microsoft Excel (Version 2003) und IBM SPSS Statistics (Version 22).

Für die regulären Fallgruppen 1 bis 6 sollen die Anzahl der Behandlungstage, die Verteilung der PEPP-Kodes, die durchschnittlichen Erlöse je Tag ohne ergänzende Tagesentgelte (eT), die absoluten Erlöse aus eT, die Erlöse aus eT pro Behandlungstag, die Anzahl der Fälle und der Anteil der Behandlungstage an der Gesamtzahl der ausgewerteten Daten

© Springer Fachmedien Wiesbaden 2016   37
H. Horter et al., *Systemimmanente Anreize im Pauschalierenden Entgeltsystem Psychiatrie und Psychosomatik (PEPP)*, Controlling im Krankenhaus, DOI 10.1007/978-3-658-12658-2_7

erfasst werden. Die beiden letzten Punkte dienen dazu, von den veränderten Erlösen auf Fallebene die Auswirkungen auf das Gesamtausmaß hochzurechnen. Zusätzlich soll unter Einbeziehung der Fallgruppe 7 der Anteil der Fälle mit einer Fallzusammenführung und deren Auswirkung auf die Erlöse erfasst werden.

Die Anzahl der Therapieeinheiten (ärztliche/psychologische und pflegerische/spezialtherapeutische) soll dazu dienen, bei Fallgruppen, bei denen z. B. eine psychotherapeutische Komplexbehandlung denkbar erscheint, den nötigen Mehraufwand abzuschätzen.

Weitere Daten, wie zum Beispiel der Aufnahmestatus (z. B. Normalfall oder Notfall) und Entlassungsstatus (u. a. regulär, gegen ärztlichen Rat, Verlegung) werden außerhalb der Simulation u. a. als mögliche Indikatoren für die Planbarkeit der Behandlung verwendet.

Soweit es für die Klärung der Hypothesen hilfreich erscheint, werden einzelne weitere statistische Tests durchgeführt. Für den Test auf Unabhängigkeit von zwei nominalen oder ordinalen Variablen wird der exakte Test nach Fisher verwendet. Da bei den intervallskalierten Variablen eine Normalverteilung nicht anzunehmen ist, wird für die Analyse einer möglichen Korrelation zwischen zwei Variablen der Rangkorrelationskoeffizient nach Spearman verwendet.

Die Fallgruppe 7 hat eine Sonderstellung. Mit ihr werden keine eigenständigen Simulationen durchgeführt. Sie dient als Hilfsmittel zur Erfassung der Auswirkungen der Fallzusammenführungen auf den Gesamterlös und die einzelnen Fallgruppen.

Bei Fallgruppen mit einer mittleren durchschnittlichen Verweildauer kann zur Kalkulation von Erlösveränderungen durch Veränderung der Verweildauer die in der PEPP-Kalkulation verwendete lineare Degression genutzt werden. Bei den PEPPs PA02A bis PA02C sinkt von dem 4. Behandlungstag an der Erlös pro Behandlungstag linear ab bis zum Erreichen des Minimalsatzes. Bei der PEPP PA02D beginnt die lineare Degression ab dem 6. Behandlungstag [1]. Bei Fallgruppen, bei denen aufgrund hoher Verweildauern für einen relevanten Anteil der Fälle keine weitere Erlösdegression stattfindet, erfolgt eine Korrektur mit einem Ausgleichsfaktor. Dieser ist abhängig von dem Anteil der Fälle, die aufgrund der Verweildauer keiner weiteren Degression unterliegen.

Um die Werte der einzelnen Fallgruppen besser einordnen zu können, wird auch der Gesamtdatensatz analog zu den Fallgruppen ausgewertet.

7.1 Der Gesamtdatensatz

Im Rahmen der Analyse wurde ein Datensatz mit 1352 Fällen ausgewertet mit insgesamt 12.307 Behandlungstagen. Ausgehend von einer durchschnittlichen Belegung von 90 % entspräche dies ca. 37,46 stationären Betten. Der errechnete Erlös dieser Fälle beträgt 3.134.561,98 € (bei einem Basisentgeltwert von 250,00 €). 462 Fälle (ca. 34,17 %) sind Teil einer Fallzusammenführung, was zu einer Erlösreduktion von 52.511,05 € (1,65 %) führt. Die mittlere Verweildauer beträgt 9,1 Tage bei einem mittleren Erlös von ca. 2318,46 € pro Fall und ca. 267,875 € pro Behandlungstag. Die Häufigkeiten

Tab. 7.1 Übersicht: Deskriptive Statistik des Gesamtdatensatzes. (Eigene Darstellung)

	N	Minimum	Maximum	Mittelwert	Standardabweichung
Anzahl Behandlungstage	1352	1	78	9,1	9,437
Erlös pro Fall (in €)	1352	256,814	19.987,275	2318,463	2277,649462
Erlös pro Behandlungs-tag (in €)	1352	208,957	386,166	267,8745	27,612898
Erlös ohne eT pro Tag (in €)	1352	208,957	335	263,29076	23,145473
Erlös eT pro Fall (in €)	1352	0	1660,75	26,51307	76,155724
Erlös eT pro Tag (in €)	1352	0	108,169	4,58374	11,267209
TE Ärzte/Psychologen	1352	0	21	0,573	1,3183
TE Spezialtherapeuten/ Pflegekräfte	1352	0	99,5	2,203	5,9903

der einzelnen Verweildauern sind in Abb. 7.1 dargestellt. 75,96 % der Fälle fallen in die PEPP PA02D, 15,53 % in die PEPP PA02C. Eine Übersicht über die deskriptive statistische Auswertung einiger relevanter Parameter liefert Tab. 7.1. Einige graphische Darstellungen sind in Abb. 7.2 aufgenommen worden.

Bei dem Bezug von eT pro Fall zu der Verweildauer gibt es keine signifikante Korrelation (Korrelation nach Spearman 0,021, Signifikanz (2-seitig) 0,435). Zwischen den eT pro

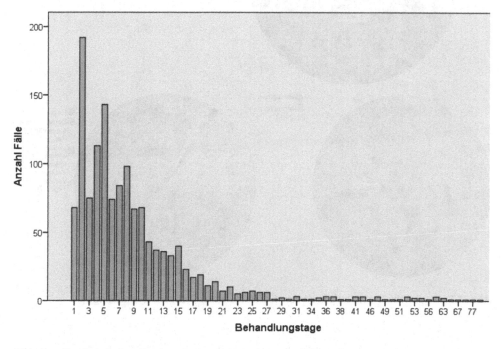

Abb. 7.1 Häufigkeit der einzelnen Behandlungszeiträume. (Eigene Darstellung)

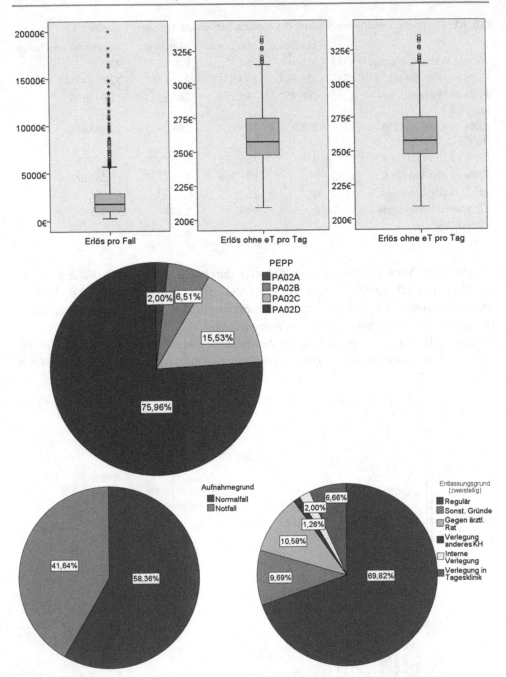

Abb. 7.2 Graphische Darstellungen zu dem Gesamtdatensatz. (Eigene Darstellung)

Behandlungstag und der Verweildauer besteht hingegen eine signifikante negative Korrelation (Korrelation nach Spearman −0,055, Signifikanz (2-seitig) 0,045). Da die eT zusätzliche Kosten einer intensiven Patientenbetreuung abbilden, wäre eine mögliche Interpretation dieser Daten, dass längere Behandlungen tendenziell einen geringeren Anteil an Intensivbehandlungen haben, da diese vorwiegend in den ersten Behandlungstagen notwendig sind (Folge: negative Korrelation von Verweildauer und den eT pro Behandlungstag). Als Konsequenz hieraus wird bei den meisten Berechnungen davon ausgegangen, dass bei Veränderungen der Liegezeit die absoluten Erlöse aus eT konstant bleiben.

Wie aufgrund der degressiven Vergütung des PEPP-Systems zu erwarten ist, besteht eine hoch signifikante negative Korrelation zwischen den Erlösen pro Behandlungstag und der Verweildauer (Korrelatationskoeffizient nach Spearman −0,650, Signifikanz (2-seitig) $< 0,01$).

7.2   Fallgruppe 1: Ausnüchterungen

In dem ausgewerteten Datensatz erfüllen 260 Fälle die Kriterien für die Fallgruppe 1 mit einer Gesamtzahl von 452 Behandlungstagen. Dies entspricht ca. 19,21 % der Gesamtfallzahl und 3,67 % der Behandlungstage. 141 Fälle (ca. 54,23 %) sind Teil einer Fallzusammenführung. Die mittlere Verweildauer beträgt 1,74 Tage bei einem mittleren Erlös von ca. 508,14 € pro Fall und ca. 296,35 € pro Behandlungstag. 88,08 % der Fälle fallen in die PEPP PA02D. Eine Übersicht über die deskriptive statistische Auswertung einiger relevanter Parameter ist in Tab. 7.2 dargestellt. Die Abb. 7.3 zeigt ausgewählte graphische Darstellungen zu Fallgruppe 1.

Aus der statischen Auswertung ergeben sich folgende Parameter für die Simulation der Fallgruppe 1:

- Verweildauer: 1,74 Tage,
- Erlös pro Behandlungstag ohne eT: 287,02 €,

Tab. 7.2 Übersicht: Deskriptive Statistik Fallgruppe 1. (Eigene Darstellung)

	N	Minimum	Maximum	Mittelwert	Standardabweichung
Anzahl Behandlungstage	260	1	2	1,74	0,440
Erlös pro Fall (in €)	260	256,814	704,750	508,13740	123,858287
Erlös pro Behandlungstag (in €)	260	234,165	382,450	296,35003	34,749444
Erlös ohne eT pro Tag (in €)	260	234,165	335,000	287,02056	29,704294
Erlös eT pro Fall (in €)	260	0,000	94,900	17,01644	32,041613
Erlös eT pro Tag (in €)	260	0,000	47,450	9,32947	17,338934
TE Ärzte/Psychologen	260	0	1,5	0,01	0,093
TE Spezialtherapeuten/ Pflegekräfte	260	0	3,5	0,04	0,284

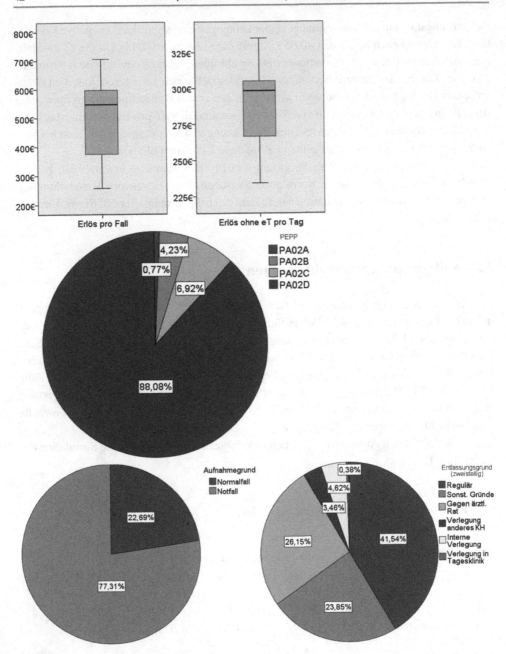

Abb. 7.3 Graphische Darstellungen zu Fallgruppe 1. (Eigene Darstellung)

- Erlös für eT pro Tag: 9,33 €,
- Erlöse für eT pro Fall: 17,02 €,
- PEPP-Verteilung: PA02A 0,77 %; PA02B 4,23 %; PA02C 6,92 %; PA02D 88,08 %,
- Anteil der Behandlungstage an der Gesamtheit der ausgewerteten Daten: 3,67 %,
- Anzahl der Fälle: 260,
- Anteil der Fälle, die Teil einer Fallzusammenführung sind: 54,23 %,
- Erlösreduktion durch Fallzusammenführungen: 6,81 %.

Eine Betrachtung der Therapieeinheiten erscheint bei Fallgruppe 1 irrelevant, da bei einer reinen Ausnüchterung weder eine qualifizierte Entzugsbehandlung noch eine psychotherapeutische Behandlung möglich ist.

Bei einer Verkürzung der Liegedauer wird im Modell von einer anteiligen Verringerung der ergänzenden Tagesentgelte ausgegangen, da diese in einigen Fällen an beiden Behandlungstagen geltend gemacht wurden. Bei einer Verlängerung der Verweildauer wird jedoch von keinem zusätzlichen ergänzenden Tagesentgelt ausgegangen, da ein sonst entlassungsfähiger Patient in der Regel keine Intensivbetreuung in der Klinik benötigen sollte.

Bei der Simulation veränderter Liegezeiten wird mit den Grenzwerten dieser Variablen gearbeitet, das heißt, die Veränderungen werden betrachtet, die eintreten würden, wenn bei allen Fällen eine Verweildauer von einem Tag bzw. zwei Tagen erreicht würde. Eine Verlängerung der Verweildauer darüber hinaus würde zu einer Veränderung des angenommenen Behandlungsauftrages und damit zu einer Überführung in die Fallgruppe 2 bzw. Fallgruppe 3 führen.

7.3 Fallgruppe 2: Somatische Entgiftungen

In dem ausgewerteten Datensatz erfüllen 401 Fälle die Kriterien für die Fallgruppe 2 mit einer Gesamtzahl von 1979 Behandlungstagen. Dies entspricht ca. 29,64 % der Ge-

Tab. 7.3 Übersicht: Deskriptive Statistik Fallgruppe 2. (Eigene Darstellung)

	N	Minimum	Maximum	Mittelwert	Standardabweichung
Anzahl Behandlungstage	401	3	7	4,94	1,277
Erlös pro Fall (in €)	401	727,975	2181,675	1309,4311	303,346028
Erlös pro Behandlungstag (in €)	401	221,586	345,650	267,99103	18,980748
Erlös ohne eT pro Tag (in €)	401	212,422	298,200	263,57031	13,751350
Erlös eT pro Fall (in €)	401	0,000	237,250	19,99763	44,750128
Erlös eT pro Tag (in €)	401	0,000	47,450	4,42072	10,090145
TE Ärzte/Psychologen	401	0	1,5	0,18	0,488
TE Spezialtherapeuten/ Pflegekräfte	401	0	9,5	0,55	0,967

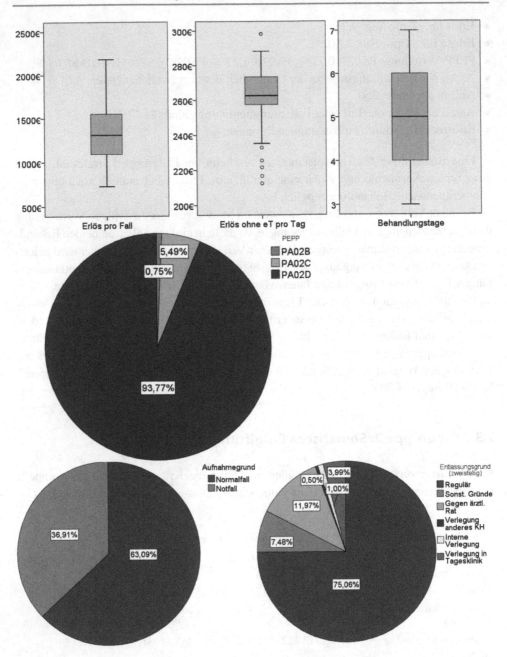

Abb. 7.4 Graphische Darstellungen zu Fallgruppe 2. (Eigene Darstellung)

samtfallzahl und 16,08 % der Behandlungstage. 118 Fälle (ca. 29,43 %) sind Teil einer Fallzusammenführung. Die mittlere Verweildauer beträgt 4,94 Tage bei einem mittleren Erlös von ca. 1309,43 € pro Fall und ca. 267,99 € pro Behandlungstag. 93,77 % der Fälle fallen in die PEPP PA02D.

Eine Übersicht über die deskriptive statistische Auswertung einiger relevanter Parameter ist in Tab. 7.3 dargestellt. Die Abb. 7.4 zeigt ausgewählte graphische Darstellungen zu Fallgruppe 2. Aus der statischen Auswertung ergeben sich folgende Parameter für die Simulation der Fallgruppe 2:

- Verweildauer: 4,94 Tage,
- Erlös pro Behandlungstag ohne eT: 263,57 €,
- Erlös für eT pro Tag: 4,42 €,
- Erlöse für eT pro Fall: 20,00 €,
- PEPP-Verteilung: PA02A 0,00 %; PA02B 0,75 %; PA02C 5,49 %; PA02D 93,77 %,
- Anteil der Behandlungstage an der Gesamtheit der ausgewerteten Daten: 17,08 %,
- Anzahl der Fälle: 401,
- Anteil der Fälle, die Teil einer Fallzusammenführung sind: 29,43 %,
- Erlösreduktion durch Fallzusammenführungen: 1,86 %.

Eine Betrachtung der Therapieeinheiten erscheint in der Fallgruppe 2 wie auch bei der Fallgruppe 1 irrelevant, da während einer somatischen Entgiftung die Patienten in der Regel nicht in der Lage sind, an einem anspruchsvollen Therapieprogramm teilzunehmen. Außerdem ist die Verweildauer von maximal 7 Tagen dafür zu kurz.

Aufgrund der kurzen durchschnittlichen Verweildauer und dem hohen Anteil der PEPP PA02D kann nur begrenzt mit der linearen Degression gearbeitet werden (vgl. Kap. 7). Zur Vereinfachung wird diese für die Fälle mit den PEPPs PA02B und PA02C (zusammen nur 6,24 % der Fälle) angewendet. Für die Fälle mit der PEPP PA02D wird ein eigener Degressionsfaktor errechnet aus dem Durchschnitt der Degression im Behandlungsintervall der Fallgruppe.

7.4   Fallgruppe 3: Somatische Entgiftung kompliziert durch weiteren Suchtmittelkonsum

In dem ausgewerteten Datensatz erfüllen 124 Fälle die Kriterien für die Fallgruppe 3 mit einer Gesamtzahl von 745 Behandlungstagen. Dies entspricht ca. 9,17 % der Gesamtfallzahl und 6,05 % der Behandlungstage. 50 Fälle (ca. 40,32 %) sind Teil einer Fallzusammenführung. Die mittlere Verweildauer beträgt 6,01 Tage bei einem mittleren Erlös von ca. 1674,67 € pro Fall und ca. 282,03 € pro Tag. 68,55 % der Fälle fallen in die PEPP PA02C, 21,77 % in die PEPP PA02C. Eine Übersicht über die deskriptive statistische Auswertung einiger relevanter Parameter ist in Tab. 7.4 dargestellt. Die Abb. 7.5 zeigt ausgewählte graphische Darstellungen zu Fallgruppe 3.

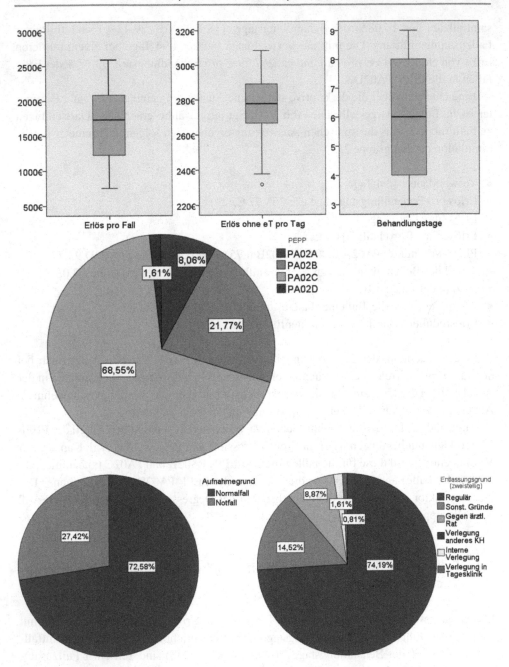

Abb. 7.5 Graphische Darstellungen zu Fallgruppe 3. (Eigene Darstellung)

Tab. 7.4 Übersicht: Deskriptive Statistik Fallgruppe 3. (Eigene Darstellung)

	N	Minimum	Maximum	Mittelwert	Standardabweichung
Anzahl Behandlungstage	124	3	9	6,01	1,915
Erlös pro Fall (in €)	124	754,561	2587,425	1674,6733	494,229306
Erlös pro Behandlungs-tag (in €)	124	231,720	386,166	282,03036	23,302901
Erlös ohne eT pro Tag (in €)	124	231,720	308,525	277,53870	17,899443
Erlös eT pro Fall (in €)	124	0,000	432,675	22,23972	56,905887
Erlös eT pro Tag (in €)	124	0,000	108,169	4,49167	13,268177
TE Ärzte/Psychologen	124	0	1,5	0,24	0,554
TE Spezialtherapeuten/ Pflegekräfte	124	0	5,5	0,74	1,054

Aus der statischen Auswertung ergeben sich folgende Parameter für die Simulation der Fallgruppe 3:

- Verweildauer: 6,01 Tage,
- Erlös pro Behandlungstag ohne eT: 277,54 €,
- Erlös für eT pro Tag: 4,49 €,
- Erlöse für eT pro Fall: 22,24 €,
- PEPP-Verteilung: PA02A 8,06 %; PA02B 21,77 %; PA02C 68,55 %; PA02D 1,61 %,
- Anteil der Behandlungstage an der Gesamtheit der ausgewerteten Daten: 6,05 %,
- Anzahl der Fälle: 124,
- Anteil der Fälle, die Teil einer Fallzusammenführung sind: 40,32 %,
- Erlösreduktion durch Fallzusammenführungen: 3,05 %.

Eine Betrachtung der Therapieeinheiten erscheint bei der Fallgruppe 3 wie auch bei den Fallgruppen 1 und 2 irrelevant, da auch während einer längeren somatischen Entgiftung von bis zu 9 Tagen kein sinnvolles psychotherapeutisches Behandlungsprogramm aufgebaut werden kann. Auch ist dieser Zeitraum für eine echte qualifizierte Entzugsbehandlung zu kurz. Wegen des diese Fallgruppe definierenden zusätzlichen Substanzkonsums sollten alle Patienten mindestens die Voraussetzungen für die PEPP PA02C erfüllen, sodass ein nachgewiesenes qualifiziertes Entzugsprogramm zu keiner Veränderung des Erlöses führen würde. Dennoch werden 1,61 % der Fälle in die PEPP PA02D eingeordnet. Dies lässt sich dadurch erklären, dass in dem selbst erstellten Grouper auch die Diagnosegruppe F19.X (multipler Substanzkonsum) für die Einordnung in Fallgruppe 3 ausreicht. Bei einzelnen Fällen wurde nicht, wie gefordert, der konkrete Substanzkonsum kodiert, sodass dieser keine Berücksichtigung für die PEPP-Einordnung fand.

Aufgrund der durchschnittlichen Verweildauer von mehr als 6 Tagen und dem sehr geringen Anteil der PEPP PA02D, bei der die lineare Degression erst ab dem 6. Behandlungstag aufwärts beginnt, kann bei der Fallgruppe 3 bei moderaten Veränderungen der Verweildauer direkt mit der linearen Degression gearbeitet werden.

7.5   Fallgruppe 4: Patienten mit komplexem sozialem Klärungsbedarf

In dem ausgewerteten Datensatz erfüllen 280 Fälle die Kriterien für die Fallgruppe 4 mit einer Gesamtzahl von 3490 Behandlungstagen. Dies entspricht ca. 20,71 % der Gesamtfallzahl und 28,36 % der Behandlungstage. 65 Fälle (ca. 23,21 %) sind Teil einer Fallzusammenführung. Die mittlere Verweildauer beträgt 12,46 Tage bei einem mittleren Erlös von ca. 3147,09 € pro Fall und ca. 254,69 € pro Behandlungstag. 78,21 % der Fälle fallen in die PEPP PA02D, 10,00 % in die PEPP PA02C, 9,64 % in die PEPP PA02D. Eine Übersicht über die deskriptive statistische Auswertung einiger relevanter Parameter ist in Tab. 7.5 dargestellt. Die Abb. 7.6 zeigt ausgewählte graphische Darstellungen zu Fallgruppe 4.

Aus der statischen Auswertung ergeben sich folgende Parameter für die Simulation der Fallgruppe 4:

- Verweildauer: 12,46 Tage,
- Erlös pro Behandlungstag ohne eT: 252,15 €,
- Erlös für eT pro Tag: 2,54 €,
- Erlöse für eT pro Fall: 28,29 €,
- PEPP-Verteilung: PA02A 2,14 %; PA02B 9,64 %; PA02C 10,00 %; PA02D 78,21 %,
- Anteil der Behandlungstage an der Gesamtheit der ausgewerteten Daten: 28,36 %,
- Anzahl der Fälle: 280,
- Anteil der Fälle, die Teil einer Fallzusammenführung sind: 23,21 %,
- Erlösreduktion durch Fallzusammenführungen: 1,25 %.

Tab. 7.5 Übersicht: Deskriptive Statistik Fallgruppe 4. (Eigene Darstellung)

	N	Minimum	Maximum	Mittelwert	Standardabweichung
Anzahl Behandlungstage	280	8	77	12,46	7,382
Erlös pro Fall (in €)	280	1819,485	19.987,28	3147,0891	1783,580251
Erlös pro Behandlungstag (in €)	280	208,957	310,313	254,68953	14,386025
Erlös ohne eT pro Tag (in €)	280	208,957	289,850	252,15279	12,539974
Erlös eT pro Fall (in €)	280	0,000	332,150	28,29429	69,530280
Erlös eT pro Tag (in €)	280	0,000	35,588	2,53674	6,262100
TE Ärzte/Psychologen	280	0	5,0	0,59	0,929
TE Spezialtherapeuten/ Pflegekräfte	280	0	33,0	2,28	2,991

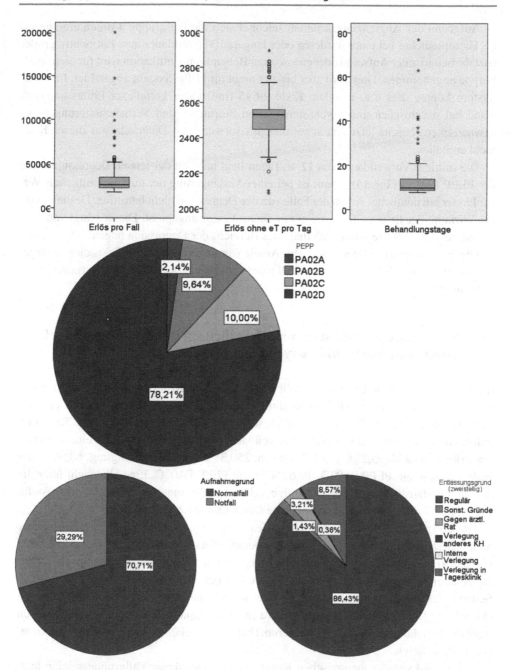

Abb. 7.6 Graphische Darstellungen zu Fallgruppe 4. (Eigene Darstellung)

Aufgrund der Abgrenzungskriterien zeichnet sich die Fallgruppe 4 durch eine geringe Therapiedichte bei einer mittleren oder längeren Verweildauer aus. Ein relativ großer sozialarbeiterischer Aufwand oder eine soziale Behandlungsindikation wird für diese Fallgruppe angenommen. Dies wird aber bislang nicht im PEPP-System abgebildet. Im OPS-System könnte dies u. a. mit dem Kode 9-645 (indizierter komplexer Entlassungsaufwand bei psychischen und psychosomatischen Störungen und Verhaltensstörungen bei Erwachsenen) bereits jetzt erfasst werden. Im verwendeten Datensatz war dieser Kode nicht enthalten.

Die mittlere Verweildauer von 12,46 Tagen liegt nahe an der letzten Degressionsstufe der PEPP PA02A (Tag 14). Somit ist bei einer Verlängerung der durchschnittlichen Verweildauer ein deutlicher Anteil der Fälle von der Degression nicht betroffen. Deshalb wird die Wirkung der linearen Degression mit einem Faktor angepasst. Dieser hängt von dem Anteil der Fälle ab, die schon außerhalb des Bereichs der Degression liegen.

Die Erlöse der eT spielen mit einem Anteil von ungefähr 1 % am Erlös eine untergeordnete Rolle. Die Erlöse von eT pro Fall werden bei Veränderungen der Verweildauer als konstant betrachtet.

7.6   Fallgruppe 5: Patienten mit zusätzlichem Behandlungsbedarf durch eine komorbide psychische Erkrankung

In dem ausgewerteten Datensatz erfüllen 158 Fälle die Kriterien für die Fallgruppe 5 mit einer Gesamtzahl von 3003 Behandlungstagen. Dies entspricht ca. 11,96 % der Gesamtfallzahl und 24,40 % der Behandlungstage. 59 Fälle (ca. 37,34 %) sind Teil einer Fallzusammenführung. Die mittlere Verweildauer beträgt 19,01 Tage bei einem mittleren Erlös von ca. 4695,27 € pro Fall und ca. 250,33 € pro Behandlungstag. 68,99 % der Fälle fallen in die PEPP PA02D, 19,62 % in die PEPP PA02C. Eine Übersicht über die deskriptive statistische Auswertung einiger relevanter Parameter ist in Tab. 7.6 dargestellt. Die Abb. 7.7 zeigt ausgewählte graphische Darstellungen zu Fallgruppe 5.

Die Fallgruppe 5 hat im Vergleich zu den vorangegangenen Fallgruppen eine relativ hohe Therapiedichte mit insgesamt ca. 3 Therapieeinheiten pro Woche. Dabei erscheint vor allem die dokumentierte und kodierte Menge der ärztlichen und psychologischen Therapieeinheiten mit durchschnittlich ca. 0,49 pro Woche zu gering. Aufgrund der bislang fehlenden Abrechnungsrelevanz und der von vielen Kollegen als umständlich betrachteten (Mehrfach-)Dokumentation ist eine höhere reale Therapiedichte anzunehmen. Daneben wäre die fehlende Abbildung von kürzeren Therapieeinheiten unter 25 Minuten als Ursache zu diskutieren.

Ausgehend von der theoretischen Konstruktion hinter dieser Fallgruppe spielen ärztliche und psychologische Therapieeinheiten eine relativ große Rolle bei der Behandlung der psychischen Erkrankungen dieser Patienten.

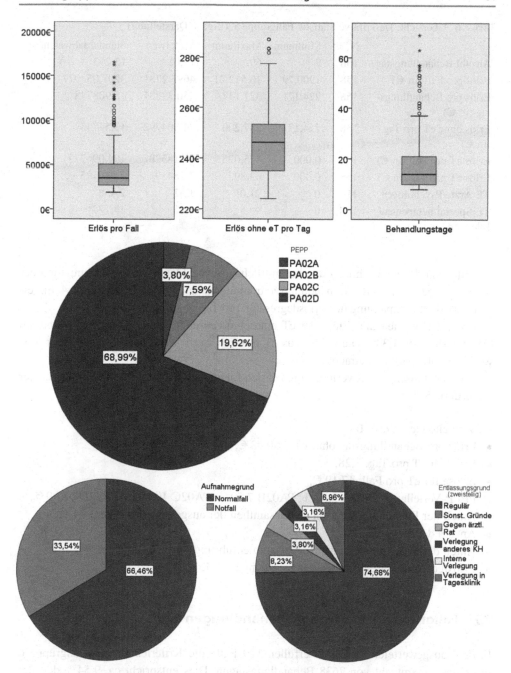

Abb. 7.7 Graphische Darstellungen zu Fallgruppe 5. (Eigene Darstellung)

Tab. 7.6 Übersicht: Deskriptive Statistik Fallgruppe 5. (Eigene Darstellung)

	N	Minimum	Maximum	Mittelwert	Standardabweichung
Anzahl Behandlungstage	158	8	69	19,01	13,293
Erlös pro Fall (in €)	158	1900,79	16.512,21	4695,2731	3207,053077
Erlös pro Behandlungs-tag (in €)	158	224,171	327,137	250,33231	15,908748
Erlös ohne eT pro Tag (in €)	158	224,171	287,200	247,04792	13,577437
Erlös eT pro Fall (in €)	158	0,000	575,025	47,18528	104,096779
Erlös eT pro Tag (in €)	158	0,000	63,892	3,28439	7,938495
TE Ärzte/Psychologen	158	0	21,0	1,32	2,458
TE Spezialtherapeuten/ Pflegekräfte	158	0	99,5	6,82	13,174

Aufgrund der relativ hohen durchschnittlichen Verweildauer wird bei Simulation der Auswirkungen veränderter Behandlungszeiträume, wie auch bei der Fallgruppe 4, mit einem Faktor zur Anpassung der Erlösdegression pro Tag gearbeitet.

Auch hier spielen die Erlöse der eT eine untergeordnete Rolle bei einem Anteil am Gesamterlös von 1,3 %. Die Erlöse aus eT pro Fall werden bei Veränderungen der Verweildauer als konstant betrachtet.

Aus der statischen Auswertung ergeben sich folgende Parameter für die Simulation der Fallgruppe 5:

- Verweildauer: 19,01 Tage,
- Erlös pro Behandlungstag ohne eT: 250,33 €,
- Erlös für eT pro Tag: 3,28,
- Erlöse für eT pro Fall: 47,19 €,
- PEPP-Verteilung: PA02A 3,80 %; PA02B 7,59 %; PA02C 19,62 %; PA02D 68,99 %,
- Anteil der Behandlungstage an der Gesamtheit der ausgewerteten Daten: 24,40 %,
- Anzahl der Fälle: 158,
- Anteil der Fälle, die Teil einer Fallzusammenführung sind: 37,34 %,
- Erlösreduktion durch Fallzusammenführungen: 1,43 %.

7.7 Fallgruppe 6: Motivationsbehandlungen

In dem ausgewerteten Datensatz erfüllen 129 Fälle die Kriterien für die Fallgruppe 6 mit einer Gesamtzahl von 2638 Behandlungstagen. Dies entspricht ca. 9,54 % der Gesamtfallzahl und 21,43 % der Behandlungstage. 29 Fälle (ca. 22,48 %) sind Teil einer Fallzusammenführung. Die mittlere Verweildauer beträgt 20,45 Tage bei einem mittleren Erlös von ca. 5012,92 € pro Fall und ca. 246,62 € pro Behandlungstag. 71,32 % der Fälle fallen in die PEPP PA02D, 20,16 % in die PEPP PA02C. Eine Übersicht über die deskriptive statistische Auswertung einiger relevanter Parameter ist in Tab. 7.7 dargestellt. Die Abb. 7.8 zeigt ausgewählte graphische Darstellungen zu Fallgruppe 6.

Aus der statischen Auswertung ergeben sich folgende Parameter für die Simulation der Fallgruppe 6:

- Verweildauer: 20,45 Tage,
- Erlös pro Behandlungstag ohne eT: 246,62 €,
- Erlös für eT pro Tag: 1,65 €,
- Erlöse für eT pro Fall: 40,83 €,
- PEPP-Verteilung: PA02A 2,33 %; PA02B 6,20 %; PA02C 20,16 %; PA02D 71,32 %,
- Anteil der Behandlungstage an der Gesamtheit der ausgewerteten Daten: 21,43 %,
- Anzahl der Fälle: 129,
- Anteil Fälle, die Teil einer Fallzusammenführung sind: 22,48 %,
- Erlösreduktion durch Fallzusammenführungen: 0,69 %.

Wie auch bei der Fallgruppe 5 spielen bei der Fallgruppe 6 die Therapieeinheiten eine wichtige Rolle. Bei 7 Fällen wurde eine qualifizierte Entzugsbehandlung kodiert, bei 6 von diesen Fällen wurden keinerlei einzelne Therapieeinheiten kodiert.

Durchschnittlich wurden 3,28 Therapieeinheiten pro Woche dokumentiert und kodiert, wobei 23,93 % (0,78 pro Woche) der Therapieeinheiten durch Ärzte oder Psychologen erbracht wurden. Gerade unter Berücksichtigung des ärztlich-/psychologisch geleiteten Gruppentherapieprogramms erscheint diese Zahl zu gering. Eine mögliche Erklärung wäre eine unzureichende Dokumentation.

Auch bei einer anderen Ursache wäre für diese Fallgruppe eine höhere Quote an (dokumentierten) qualifizierten Entzugsbehandlungen oder sogar psychotherapeutischen Behandlungskonzepten als Soll anzusetzen.

Auffällig ist der hohe Anteil (28,68 %) an Verlegungen in eine teilstationäre Anschlussbehandlung. Dies sind 41,11 % der gesamten Verlegungen in eine teilstationäre

Tab. 7.7 Übersicht: Deskriptive Statistik Fallgruppe 6. (Eigene Darstellung)

	N	Minimum	Maximum	Mittelwert	Standardabweichung
Anzahl Behandlungstage	129	12	78	20,45	12,081
Erlös pro Fall (in €)	129	2726,25	18.225,20	5012,9209	2934,539287
Erlös pro Behandlungstag (in €)	129	222,127	287,200	246,61684	11,762136
Erlös ohne eT pro Tag (in €)	129	222,127	287,200	244,96838	11,187296
Erlös eT pro Fall (in €)	129	0,000	1660,750	40,82907	157,680269
Erlös eT pro Tag (in €)	129	0,000	25,163	1,64846	3,965204
TE Ärzte/Psychologen	129	0	8,0	2,29	1,752
TE Spezialtherapeuten/ Pflegekräfte	129	0	54,5	7,28	8,351

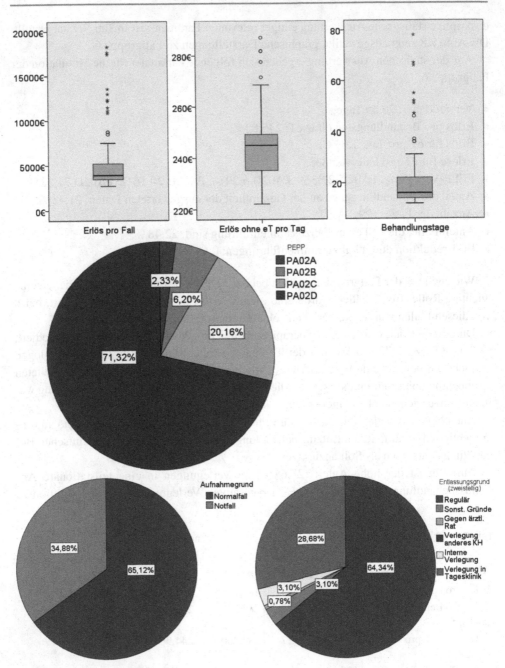

Abb. 7.8 Graphische Darstellungen zu Fallgruppe 6. (Eigene Darstellung)

Anschlussbehandlung, bei nur 9,54 % der Gesamtfälle. Es passt gut zu dem angenommenen Hintergrund dieser Behandlungsgruppe, dass viele Patienten nach der stationären Motivationsbehandlung diese in einem teilstationären Setting fortsetzen. Das kann als Indikator für die Validität dieser Gruppenzuordnung interpretiert werden.

Aufgrund der hohen durchschnittlichen Verweildauer wird bei der Simulation der Auswirkungen veränderter Behandlungszeiträume wie auch bei den Fallgruppen 4 und 5 mit einem Faktor zur Anpassung der Erlösdegression pro Tag gearbeitet.

Bei einem Anteil am Gesamterlös von 0,67 % spielen bei dieser Fallgruppe die Erlöse der eT eine untergeordnete Rolle. Die Erlöse von eT pro Fall werden bei Veränderungen der Verweildauer als konstant betrachtet.

7.8 Fallgruppe 7: Fälle mit Fallzusammenführungen

In dem ausgewerteten Datensatz sind 462 Fälle Teil einer erfassten Fallzusammenführung mit einer Gesamtzahl von 3969 Behandlungstagen. Dies entspricht ca. 34,17 % der Gesamtfallzahl und 32,25 % der Behandlungstage. Die mittlere Verweildauer liegt mit 8,59 Tagen etwas unter der mittleren Verweildauer des Gesamtdatensatzes mit 9,1 Tagen. Der mittlere Erlös beträgt ca. 2120,88 € pro Fall und ca. 259,12 € pro Behandlungstag bei einem durchschnittlichen Abschlag für Fallzusammenführungen von 7,81 %. 72,94 % der Fälle fallen in die PEPP PA02D, 17,75 % in die PEPP PA02C. Insgesamt ist der Unterschied der PEPP-Aufteilung der Fälle mit Fallzusammenführung zu denen ohne nicht signifikant (Signifikanz des Unterschieds mit exaktem Test nach Fisher 0,208). Auch der Unterschied der Erlöse aus eT ist gering. In der Fallgruppe 7 liegen die Erlöse aus eT pro Fall bei 26,93 € gegenüber 26,51 € im Gesamtdatensatz.

Es besteht keine signifikante Korrelation zwischen dem Merkmal „Teil einer Fallzusammenfassung" und den Erlösen aus eT (Korrelationskoeffizient nach Spearman 0,021, Signifikanz 0,435).

Tab. 7.8 Übersicht: Deskriptive Statistik Fallgruppe 7. (Eigene Darstellung)

	N	Minimum	Maximum	Mittelwert	Standardabweichung
Anzahl Behandlungstage	462	1	78	8,59	10,539
Erlös pro Fall (in €)	462	256,814	18.225,20	2120,8807	2516,785391
Erlös pro Behandlungstag (in €)	462	208,957	386,166	259,11776	26,132258
Erlös ohne eT pro Tag (in €)	462	208,957	331,531	253,89504	21,251479
Erlös eT pro Fall (in €)	462	0,000	575,025	26,93323	67,328151
Erlös eT pro Tag (in €)	462	0,000	108,169	5,22272	12,574233
TE Ärzte/Psychologen	462	0,0	8,0	0,452	1,1643
TE Spezialtherapeuten/ Pflegekräfte	462	0,0	99,5	2,044	7,2399

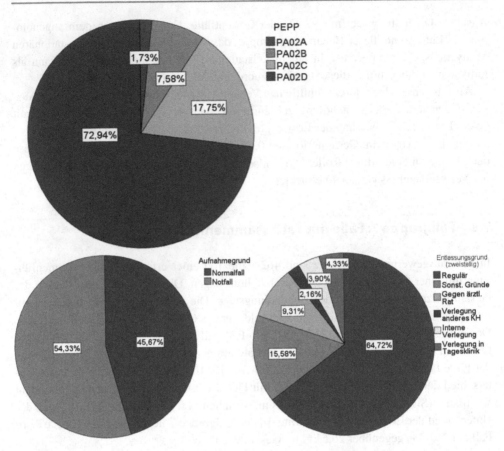

Abb. 7.9   Graphische Darstellungen zu Fallgruppe 7. (Eigene Darstellung)

Der Anteil der Notaufnahmen ist mit 54,33 % hingegen deutlich höher als bei dem Gesamtdatensatz mit 41,64 %. Noch deutlicher ist das Ergebnis bei einer direkten Gegenüberstellung von Fällen ohne Fallzusammenführung, wo nur 35,06 % als Notfall aufgenommen werden. Der Unterschied ist hoch signifikant (Signifikanz nach dem exakten Test nach Fisher < 0,01). Eine Übersicht über die deskriptive statistische Auswertung einiger relevanter Parameter ist in Tab. 7.8 dargestellt. Die Abb. 7.9 zeigt ausgewählte graphische Darstellungen zu Fallgruppe 7.

Literatur

1. PEPP-Entgeltkatalog – Version 2015 (2014) InEK. S 3–5

Simulation der Auswirkungen von Veränderungen der Behandlungsparameter auf die Erlöse 8

Zusammenfassung

Anhand der erstellten Fallgruppen sollen Auswirkungen verschiedener Veränderungen der Behandlung auf die Erlöse simuliert werden. Die Ergebnisse sollen dabei helfen, die Hypothesen zu prüfen. Zur Überprüfung der ersten Hypothese werden für die einzelnen Fallgruppen die Auswirkungen einer veränderten Verweildauer simuliert. Zur Überprüfung der zweiten Hypothese werden die Auswirkungen mehr geltend gemachter eT und einer höheren PEPP-Einstufung der Fälle ermittelt. Zur Überprüfung der dritten und vierten Hypothese erfolgen keine zusätzlichen Simulationen. Dafür werden in einem späteren Schritt die zusammengetragenen Daten verglichen, um besonders lukrative oder inadäquat vergütete Patientengruppen zu identifizieren. Für die fünfte Hypothese werden die Erlösauswirkungen von gezielten Verlegungen bzw. einer Umverteilung zwischen den Abteilungen simuliert.

Anhand der erstellten Fallgruppen sollen Auswirkungen verschiedener Veränderungen der Behandlung auf die Erlöse simuliert werden. Die Ergebnisse sollen dabei helfen, die Hypothesen zu prüfen.

Zur Überprüfung der ersten Hypothese, dass kürzere Behandlungen gefördert werden und Anreize zur früheren Entlassung oder Verlegung geschaffen werden, werden für die einzelnen Fallgruppen die Auswirkungen einer veränderten Verweildauer simuliert. Neben den Veränderungen der durchschnittlichen Liegezeiten innerhalb der Parameter der Fallgruppen werden bei den klassischen Suchtbehandlungen (Fallgruppe 1, Fallgruppe 2 und Fallgruppe 6) auch die Auswirkungen bei der Überführung von Patienten einer Fallgruppe in eine andere simuliert. So wird unter anderem ein Szenario simuliert, in dem mehr Patienten, statt an einer stationären Motivationsbehandlung teilzunehmen, nur somatisch entgiftet werden. Aufgrund der geringen Quote dokumentierter qualifizierter Entzugsbehandlungsprogramme (vgl. Abschn. 7.7) wird für die Simulation der Überführung von Patienten aus der Fallgruppe 2 in eine qualifizierte Entgiftungsbehandlung ein

© Springer Fachmedien Wiesbaden 2016
H. Horter et al., *Systemimmanente Anreize im Pauschalierenden Entgeltsystem Psychiatrie und Psychosomatik (PEPP)*, Controlling im Krankenhaus, DOI 10.1007/978-3-658-12658-2_8

idealisiertes Szenario simuliert mit einer taggenauen Verweildauer von 3 Wochen und einer vollständigen Abrechnung als PA02C.

Zur Überprüfung der zweiten Hypothese, dass Anreize geschaffen werden, mehr Intensivbetreuungen oder intensivere Behandlungen durchzuführen oder zu kodieren, werden die Auswirkungen mehr geltend gemachter eT und einer höheren PEPP-Einstufung der Fälle ermittelt. Dies kann über eine intensivere Behandlung (QE oder eine psychotherapeutische Behandlung) oder aber durch einen höheren Anteil von intensiver Patientenbetreuungen erfolgen (1:1 Begleitung oder Intensivbehandlungen ab 3 Merkmalen). Als Intensivmerkmale gelten bei den Patienten gemäß der OPS-Codierung: 1. besondere Sicherungsmaßnahmen, 2. Selbstgefährdung durch Suizidalität oder schwer selbstschädigendes Verhalten, 3. akute Fremdgefährdung, 4. schwere Antriebsstörung, 5. keine eigenständige Flüssigkeits-/Nahrungsaufnahme, 6. Entzugsbehandlung mit Vitalgefährdung durch somatische Komplikationen [1]. Bezüglich der Dokumentation der Intensivmerkmale (insbesondere Entzugsbehandlung mit Vitalgefährdung durch somatische Komplikationen) scheint es verschiedene Auslegungen zu geben. In verschiedenen Fachforen wird dieses Thema wiederholt diskutiert. Aufgrund des typischen Verlaufes einer Alkoholbehandlung werden 3 Intensivmerkmale nach der Ausnüchterung selten und nach Abschluss der somatischen Entgiftungsbehandlung die Ausnahme sein, es sei denn, es gibt eine entsprechend schwere Nebendiagnose (ggf. bei Fallgruppe 5). Für eine Prä-Strukturkategorie „P003: Erhöhter Betreuungsaufwand bei Erwachsenen, 1:1-Betreuung" müssten mindestens 100 h an 1:1 Begleitung zusammen kommen. Dies wird in der untersuchten Patientengruppe sicherlich nicht regelhaft der Fall sein. In dem untersuchten Datensatz gibt es keine Prä-Strukturkategorien. Für die Funktion „Mäßig erhöhter Betreuungsaufwand bei Erwachsenen, 1:1-Betreuung und Kriseninterventionelle Behandlung" müssten ca. 40 h 1:1 Betreuungen oder Kriseninterventionen (erst ab 3 h pro Tag) zusammen kommen. Da dies auch nicht regelhaft in Frage kommt, wird auch diese Funktion nicht in die Simulation aufgenommen. Für die Fallgruppen wird die Auswirkung einer Verdopplung der kodierten Tage mit Intensivmerkmalen simuliert sowie die (zusätzliche) Durchführung einer einmaligen 6- bis 12-stündigen 1:1 Betreuung bei 10 % der Fälle [3].

Zur Überprüfung der dritten Hypothese, dass Anreize zur Selektion „lukrativerer" Patientengruppen geschaffen werden, erfolgen keine zusätzlichen Simulationen. Dafür werden in einem späteren Schritt die zusammengetragenen Daten verglichen, um mögliche besonders lukrative Patientengruppen zu identifizieren.

Die vierte Hypothese, dass besonders kranke Patienten in der Vergütungsstruktur inadäquat abgebildet werden, wird anhand des Datenmaterials ohne zusätzliche Simulationen überprüft.

Für die fünfte Hypothese, dass durch die verschiedenen Abrechnungssysteme für somatische und psychiatrische Kliniken Anreize zur gezielten Verteilung geschaffen werden, werden die Erlösauswirkungen von gezielten Verlegungen bzw. einer Umverteilung zwischen den Abteilungen simuliert. Soweit dies für die Fallgruppen sinnvoll erscheint, werden vollständige Behandlungen in einer internistischen Abteilung oder Verlegungen von einer solchen in eine psychiatrische Abteilung am zweiten Tag nach Aufnahme simuliert (untere Grenzverweildauer). Auf die Kalkulation der Auswirkungen potentieller Fallzusammenführungen auf die Fallpauschalen wird verzichtet. Theoretisch kann man auf diese mit einer sequentiellen Aufnahmesteuerung mit wechselnden Aufnahmen zwischen der psychiatrischen und er internistischen Abteilung reagieren.

In den Abschn. 8.1 bis 8.6 werden die Simulationen mit den Daten der einzelnen Fallgruppen beschrieben. Eine Übersicht darüber gibt Tab. 8.1 im Abschn. 8.7 gemeinsam mit Zusammenfassungen der Simulationen für den gesamten Datensatz.

8.1 Simulationen mit der Fallgruppe 1: Ausnüchterungen

Die Fallgruppe 1 hat ein sehr kleines Behandlungsfenster von ein bis zwei Behandlungstagen. Da die Erfassung über den Aufnahme- und den Entlassungstag funktioniert, lässt sich für viele Patienten eine Verweildauer von einem Tag (Aufnahme = Entlassungstag) gar nicht erreichen. Auch Verlängerungen der Behandlungszeit von einem auf zwei Tage sind nicht immer möglich. Nur 41,54 % der Entlassungen erfolgen regulär, 50 % der Entlassungen erfolgen gegen ärztlichen Rat oder aus sonstigen Gründen. Dennoch werden für Simulationszwecke die Auswirkungen einer veränderten Verweildauer durch die Kalkulation der Extremwerte dargestellt.

Eine Verkürzung der Verweildauer auf einen Tag würde zu einer Erhöhung des Tageserlöses auf 305,23 € ohne eT führen (errechnet aus der PEPP-Verteilung und den Erlösen der jeweiligen Kodes bei einem Behandlungstag und dem Abschlag durch Fallzusammenführungen von 6,93 %) [4]. Bei einer anteiligen Verringerung der durchschnittlichen eT pro Fall kommen noch einmal 9,78 € pro Fall hinzu, was zu einem Gesamterlös von 315,01 € pro Fall und Behandlungstag führte.

Durch die geringere Anzahl von Behandlungstagen wäre das Endergebnis eine Reduktion des Erlöses um 50.213,12 € auf 81.902,60 €. Dabei würden 192,4 Belegungstage eingespart werden, was im Jahresdurchschnitt 0,59 Betten entspricht (ausgehend von einer durchschnittlichen Belegung von 90 %). Kalkuliert man für diese frei werdenden Kapazitäten einen durchschnittlichen Erlös von 267,88 € (Durchschnitt der ausgewerteten Daten) würde dies die entgangenen Erlöse ausgleichen und im Endeffekt einen zusätzlichen Erlös von 1326,99 € bringen. Würde man hingegen mit dem „Standardpatienten" mit einem Relativgewicht von 1,0 rechnen, wäre das Ergebnis ein um 2113,12 € geringerer Erlös.

Eine Erhöhung der Verweildauer auf zwei Tage führt hingegen zu einer Verringerung des Tageserlöses auf 287,52 € (279,01 €, errechnet aus der PEPP-Verteilung und den Erlösen der jeweiligen Kodes bei zwei Behandlungstagen und dem Abschlag durch Fallzusammenführungen von 6,93 %) + 8,51 € für die eT, die für die Berechnung als konstant pro Fall betrachtet wurden. Der Erlös pro Fall betrüge 575,04 €. Dies würde zu Zusatzeinnahmen von 17.394,68 € führen, dem gegenüber stünden 67,6 zusätzliche Belegungstage (0,21 Betten), die bei einem durchschnittlichen Erlös von 267,88 € zu Einnahmen von 18.108,69 € geführt hätten. Zu verzeichnen wäre ein entgangener Erlös von 714,01 €. Würde man hingegen für die zusätzlichen Bettenkapazitäten auf Fälle mit einem durch-

schnittlichen Relativgewicht von 1,0 verzichten, wäre das Ergebnis statt einem entgange-
nem Erlös ein Zusatzerlös von 494,68 €.

Trotz einer Fallzahl von 260 ist der Einfluss auf die Gesamterlöse aufgrund der kurzen
Verweildauern relativ gering. Selbst bei Erhöhung der Verweildauer auf 2 Tage wären dies
nur ca. 4,2 % der Gesamtbehandlungstage.

Für die Simulation der Auswirkung einer Veränderung des Therapiezieles von einer
Ausnüchterung zu einer einfachen somatischen Entgiftung wird angenommen, dass diese
Patienten damit die Eigenschaften der Fallgruppe 2 annehmen. Aus dem großen Anteil
von PA02D (88,08 %), lässt sich auf einen geringen Anteil von komorbiden Suchterkrankungen schließen, da ein relevanter zusätzlicher Substanzkonsum auch eine höhere PEPP-
Kodierung ermöglicht. Entsprechend würde höchstens ein geringer Anteil der Patienten in
die Fallgruppe 3 überführt werden müssen.

Aufgrund der vielen Verlegungen und Entlassungen gegen ärztlichen Rat wird an dieser
Stelle davon ausgegangen, dass höchstens 2 von 3 Patienten aus der Gruppe der Ausnüchterer zu einer Entgiftung bewegt werden können. Gerundet wären dies 173 Fälle mit einem
Erlös von 226.531,39 € statt 87.908,22 € (errechnet aus der Fallzahl und den Durchschnittserlösen der jeweiligen Fallgruppen). Hingegen würden aber auch 553,6 zusätzliche
Behandlungstage anfallen (1,69 Betten), die sonst zu einem Erlös von 148.295,32 € (ausgehend von dem Durchschnitt des Datensatzes; Resultat Erlöseinbußen von 9672,15 €)
oder 138.400 € (bei einem Relativgewicht von 1,0 pro Tag; zusätzlicher Erlös 223,17 €)
führen könnten.

Da die Funktion „Intensivbehandlung bei Erwachsenen, ab 3 Merkmalen, mit hohem
Anteil" eine Dokumentation von mehr als 3 Intensivmerkmalen über mehr als 2 Tage
fordert, kann dies für die Patienten der Fallgruppe 1 keine Gültigkeit erlangen [3].

Im Datensatz sind in der Fallgruppe für 92 Behandlungstage 4 Intensivmerkmale kodiert (20,35 % der Behandlungstage) und für einen Tag 5 Merkmale. Eine 1:1 Betreuung
von mindestens 6 h ist für keinen Fall dokumentiert, wobei die Hemmschwelle dies anzu-
ordnen aufgrund des personellen Aufwands relativ hoch ist. Auch wenn es umständlich
wäre, könnte eine 1:1 Betreuung als Ersatz für eine Monitorüberwachung bei überwa-
chungs- aber nicht intensivpflichtigen Patienten eingesetzt werden, die möglicherweise
eine „Verkabelung" nicht tolerieren würden.

Zur Klärung der Stärke des Anreizes, einen höheren Betreuungsaufwand zu betreiben
oder zu dokumentieren, werden die Auswirkungen einer erhöhten Quote von eT auf die
Gesamterlöse ermittelt. Simuliert wird die Verdopplung der Tage mit kodierten Intensivmerkmalen und eine 6 bis 12 Stunden lange 1:1 Betreuung bei 10 % der Fälle.

Die Verdopplung der kodierten Tage mit 4 oder mehr Intensivmerkmalen würde die
Erlöse für eT verdoppeln, was zusätzliche Erlöse von 9,33 € pro Tag oder 17,02 € pro
Fall bedeuten würde. Insgesamt würden die Mehrerlöse 4425,20 € betragen.

Eine 6 bis 12 Stunden lange 1:1 Betreuung gibt einen Erlös von 290,33 €. Bei 26 Fällen
wäre der Gesamterlös 7548,45 € [5].

Bei der Fallgruppe 1 sind geplante Verlegungen innerhalb des sehr kurzen Behand-
lungszeitraumes wenig sinnvoll. Es geht vielmehr bei dem Vergleich der Erlöse darum,

festzustellen in welcher Fachabteilung diese Behandlung höhere Erlöse erzielt. Aufgrund der anderen Berechnung der Behandlungstage im G-DRG-System wird für alle Patienten dieser Fallgruppe ein Tag gezählt. Mit den Erlösabschlägen unterhalb der unteren Grenzverweildauer beträgt der Erlös 516,91 € (0,162 × 3190,81 €) pro Fall [2, 4]. Dies liegt etwas oberhalb des errechneten durchschnittlichen Fallerlöses von 508,14 € nach dem PEPP-System.

8.2   Simulationen mit der Fallgruppe 2: Somatische Entgiftungen

Die durchschnittliche Verweildauer der Fallgruppe 2 beträgt 4,94 Tage. Eine Verkürzung der durchschnittlichen Verweildauer auf 3 Tage würde, abhängig von der Aufnahmezeit, bei vielen Patienten kaum mehr als eine Ausnüchterung ermöglichen. Im Rahmen der Simulation wird die Auswirkung der Verkürzung der durchschnittlichen Verweildauer um einen Tag errechnet. Außerdem werden die Auswirkungen auf die Erlöse einer verlängerten Verweildauer um ein oder zwei Tage simuliert.

Wie unter Abschn. 7.3 beschrieben, wird bei den Fällen mit den PEPP-Codes PA02B und PA02C für die Berechnung mit dem linearen Degressionsfaktor gearbeitet. Das bedeutet für die PEPP PA02B, dass zwischen dem 4. und 18. Behandlungstag pro zusätzlichem Behandlungstag der Erlös pro Behandlungstag um 0,012 Relativgewichte sinkt, für die PEPP PA02C sind es 0,0122 Relativgewichte zwischen dem 4. und 19. Behandlungstag [4].

Für die Fälle aus der PEPP PA02D wird für das Behandlungsintervall vom 3. bis 7. Behandlungstag ein eigener linearerer Degressionsfaktor ermittelt. Vom 3. auf den 4. Behandlungstag sinkt der Erlös pro Behandlungstag um 0,0596 Relativgewichte, vom 4. auf den 5. um 0,0429 Relativgewichte, vom 5. auf den 6. um 0,0148 Relativgewichte und vom 6. auf dem 7. um 0,0056 Relativgewichte. Der Mittelwert wäre 0,030725 [4].

Die Erlöse aus eT pro Fall werden für diese Simulation als konstant angenommen.

Eine Verkürzung der Verweildauer um einen Tag würde zu einer Erhöhung des Erlöses pro Tag um 0,029021 Relativgewichte (Multiplikation der Anteile der einzelnen PEPP-Codes an der Fallgruppe mit dem entsprechenden Degressionsfaktor in Relativgewichten und reduziert um den Abschlag für Fallzusammenführungen von 1,86 %), was bei dem angenommenen Entgeltwert von 250,00 € 7,26 € entspräche. Die neue durchschnittliche Verweildauer betrüge damit 3,94 Tage bei einem Erlös pro Behandlungstag von 275,25 €. Der Erlös pro Fall wäre 1084,49 €. Bezogen auf die gesamte Fallgruppe würde dies zu einem Mindererlös von 90.200,25 € führen. Hingegen würden 401 Behandlungstage eingespart werden (1,22 Betten bei 90 % Belegung), die wiederum, ausgehend von den Durchschnittserlösen des Datensatzes, zu einem Erlös von 107.183,29 € führen könnten. Der Standardpatient mit einem Relativgewicht von 1 hingegen würde bei den 401 Behandlungstagen einen Erlös von 100.250,00 € einbringen.

Eine Verlängerung der durchschnittlichen Verweildauer um einen Tag würde hingegen zu einer Verringerung des durchschnittlichen Tageserlöses um 7,26 € führen. Dies ergäbe einen neuen Erlös pro Fall von 1548,73 €, was zu einem Mehrerlös von 95.959,74 € führen würde. Diese Mehrerlöse lägen aber unter denen eines Standardpatienten auf diesem Behandlungsplatz (100.250,00 € s. o.).

Bei dem verwendeten linearen Degressionsmodell führt analog eine Erhöhung der Verweildauer um zwei Tage zu einer doppelt so großen Verringerung des Erlöses pro Tag. Die Folge wäre ein neuer Erlös pro Fall von 1758,18 € und Mehrerlöse von 179.949,19 € im Vergleich zu den errechneten Werten der Fallgruppe. Dem gegenüber stünden jedoch die möglichen entgangenen Erlöse von 802 Behandlungstagen, die bei einem Standardfall mit einem Relativgewicht von 1,0 bei 200.500,00 € lägen.

Eine weitere Verkürzung der durchschnittlichen Verweildauer wäre mit dem Behandlungsauftrag einer Entgiftung kaum vereinbar und würde eher zu einer Überführung einiger Patienten in die Fallgruppe 1 führen. Behielte man die Notfallaufnahmen aus dieser Gruppe (36,91 %, 148 Fälle) nur zur Ausnüchterung in der Klinik und nimmt an, dass diese sich damit wie ein durchschnittlicher Fall der Fallgruppe 1 verhielten, erzielte man Mindererlöse von 801,29 € pro Fall und 118.590,92 € für die 148 Fälle. Dies würde 473,6 Behandlungstage einsparen (1,44 Betten), die bei einem Durchschnittserlöses des Datenmaterials zu einem Erlös von 126.865,36 € führten; bei einem Relativgewicht pro Tag von 1,0 jedoch nur zu einem Erlös von 118.400,00 €. Hinzu käme das Risiko, dass hierdurch die Fallzusammenführungsquote weiter anstiege und es zu Erlösverlusten bei allen Fallgruppen käme. Ein Anstieg der Erlöseinbußen durch Fallzusammenführungen von 10 % (im Gesamtdatensatz) würde zu Mindererlösen von 5251,11 € führen.

Für die Simulation der Auswirkungen einer Motivation der Patienten an einer längeren Motivationsbehandlung teilzunehmen, wird an dieser Stelle von einem „Ideal-Szenario" ausgegangen. Danach unterzögen sich alle diese Patienten einer genau 21 Tage langen Behandlung, die entsprechend des OPS-Systems als QE kodiert werden könnte (PEPP PA02C). Die Erlöse von eT pro Fall werden aus der Fallgruppe 2 übernommen. Simuliert wird, dass 30 % der Patienten (gerundet auf 120 Fälle) so behandelt werden. Der Erlös je Fall in dieser QE-Behandlung wäre 5086,25 €: 0,965 Relativgewichte pro Tag (bei PA02C ab 18 Behandlungstage) × 21 Tage × 250 € + 20,00 € für eT pro Fall. Dies entspricht 242,20 € pro Behandlungstag. Die Mehrerlöse wären bei 120 Fällen 453.218,40 € bei zusätzlichen 1927,2 Behandlungstagen (Erlös bei Relativgewicht 1,0 481.800 €).

In der Fallgruppe 2 ist bei 18,95 % der Fälle mindestens für einen Behandlungstag eine Intensivbehandlung mit 3 oder mehr Merkmalen kodiert; innerhalb dieser Fälle im Durchschnitt 2,20 Tage. Bei 22 der Fälle war dies für mehr als die Hälfte der Behandlungstage kodiert, was zu einer zusätzlichen Aufwertung der PEPP von PA02D zu PA02C führte.

Um die Auswirkungen einer niederschwelligen Kodierung dieser Merkmale auf die Erlöse abzuschätzen, wird eine Verdopplung der Kodierungen simuliert. Durch die höhere Anzahl von eT wird ein zusätzlicher Erlös von 7924,15 € erbracht (Anzahl Tage mit 3–4 Merkmalen × 0,1898 × 250 €). Um den Effekt der PEPP-Umkodierung abzuschätzen, wird die Differenz der Relativgewichte am Behandlungstag 5 (durchschnittliche Verweildauer 4,94 Tage) genommen. Diese beträgt 0,0849 Relativgewichte pro Behandlungstag. Bei zusätzlichen 22 Fällen mit durchschnittlich 4,94 Behandlungstagen betrüge der Mehrerlös weitere 2306,73 €, mit dem durchschnittlichen Abschlag für Fallzusammenführungen 2263,82 € [4, 5].

Analog zur Fallgruppe 1 wird eine 6 bis 12 Stunden lange 1:1 Betreuung bei 10 % der Fälle simuliert. Bei 40 Fällen würde eine 6 bis 12 Stunden lange 1:1 Betreuung Gesamterlöse von 11.613,20 € einbringen [5].

Die Patienten der Fallgruppe 2 könnten mit der Verweildauer ohne Auf- oder Abschlag in einem somatischen Krankenhaus behandelt werden. Davon ausgehend, dass keine zusätzlich abrechenbaren (Intensiv-)Leistungen anfallen, betrüge dort der Erlös 1525,21 € pro Fall (1309,43 € Durchschnitt der Fallgruppe 2) und zwar unabhängig davon, ob die Patienten am dritten oder am 9. Behandlungstag (Rechnung nach PEPP-System) entlassen werden. Theoretisch könnte eine Behandlung in einer somatischen Klinik begonnen und der Patient am 2. Tag nach der Aufnahme zur weiteren Behandlung verlegt werden. In diesem Fall könnte erst die Fallpauschale abzüglich des Verlegungsabschlags (Bewertungsrelation 0,478, Verlegungsabschlag 2 × 0,091) abgerechnet werden und dann ab dem Verlegungstag die weitere Behandlung nach dem PEPP-System. Um die Auswirkungen hiervon zu simulieren, wird an dieser Stelle, analog zur oben stehenden Rechnung, eine Verkürzung der Verweildauer in der Psychiatrie auf 2,94 Tage simuliert, auch wenn die Genauigkeit in diesem Grenzbereich eingeschränkt sein dürfte. Auch wird davon ausgegangen, dass nach der Verlegung aus der internistischen Abteilung keine eT abrechenbar sind. Der simulierte Erlös pro Behandlungstag wäre 278,09 € (263,57 € Erlös ohne eT + 2 × 7,26 € s. o.). Dies entspräche bei einer Verweildauer von 2,94 Tagen 817,58 € pro Fall. Der Erlös dieses abteilungsübergreifenden Falles wäre 1762,06 € bei unveränderter Gesamtbehandlungsdauer von 4,94 Behandlungstagen. Dies entspricht 134,57 % des durchschnittlichen PEPP-Falles und 115,53 % des G-DRG-Falles [2, 4].

8.3 Simulationen mit der Fallgruppe 3: Somatische Entgiftung kompliziert durch weiteren Suchtmittelkonsum

Die durchschnittliche Verweildauer der Fallgruppe 3 beträgt 6,01 Tage. Simuliert wird der Erlös bei einer Verweildauer von + bzw. −2 Behandlungstagen.

Aufgrund des sehr geringen Anteils der PEPP PA02D (1,61 %) und des früheren Beginns der linearen Degression wird in dieser Fallgruppe vollständig mit der linearen Degression gearbeitet. Dies bedeutet für die PEPP PA02A einen Abfall des Erlöses pro Tag bei einer Verlängerung der Verweildauer um einen Tag von 0,0106 Relativgewichten. Für die PEPP PA02B sind dies 0,012, für die PEPP PA02C sind es 0,0122 und für die PEPP PA02D 0,0056 Relativgewichte [4]. Auch hier werden die Erlöse aus eT für diese Simulation als konstant angenommen.

Bezogen auf die Fallgruppe bedeutet dies, dass eine Verkürzung der Verweildauer den Erlös pro Tag um 2,89 € (0,011914 Relativgewichten) erhöht und eine Verlängerung der Verweildauer den Erlös pro Tag um 2,89 € verringert (errechnet durch Multiplikation der

Anteile der einzelnen PEPPs an der Fallgruppe mit dem entsprechenden Degressionsfaktor in Relativgewichten und Korrektur durch Abschlag durch Fallzusammenführungen).

Eine Verkürzung der durchschnittlichen Verweildauer auf 4,01 Tage würde zu einer Erhöhung des Erlöses pro Tag auf 287,81 € führen und damit zu einem Erlös pro Fall von 1154,12 €. Bezogen auf die 124 Fälle reduzierte dies den Erlös um 64.548,85 €, bei 248 gesparten Behandlungstagen. Der Durchschnittserlös des Datensatzes für 248 Behandlungstage wären 66.432,88 €, bei einem Relativgewicht von 1,0 pro Fall wäre der Erlös von 248 Behandlungstagen 62.000,00 €.

Eine Verlängerung der durchschnittlichen Verweildauer auf 8,01 Tage reduzierte hingegen den Erlös pro Tag auf 275,93 €, was zu einem zusätzlichen Erlös von 63.816,33 € für zusätzliche 248 Behandlungstage führte. Das liegt oberhalb des Erlöses bei einem Relativgewicht von 1,0 mit 62.000,00 €.

Auf die Simulation einer Überführung von Fällen der Fallgruppe 3 in die Fallgruppe 1 oder die Fallgruppe 6 wird an dieser Stelle verzichtet. Aufgrund der erheblichen Unterschiede in der PEPP-Kodierung (in Fallgruppe 1 88,08 % der Fälle PA02D, in Fallgruppe 3 nur 1,61 %, in der Fallgruppe 6 71,32 %) wäre eine Übernahme der Eigenschaften dieser Fallgruppen wenig zutreffend. Auch ist eine geringe zusätzliche Aussagekraft zu der Simulation bei der Fallgruppe 2 zu erwarten.

In der Fallgruppe 3 ist bei 20,16 % der Fälle mindestens für einen Behandlungstag eine Intensivbehandlung mit 3 oder mehr Merkmalen kodiert; innerhalb dieser Fälle im Durchschnitt für 2,08 Tage. Da mehr als 98 % der Fälle mindestens in die PEPP PA02C fallen, hat dies keine Auswirkungen auf die PEPP-Codierung. Bei einem Fall ist eine 1:1 Betreuung von 6–12 Stunden kodiert, wobei dies möglicherweise nicht durch die Alkoholerkrankung, sondern die Nebendiagnosen begründet ist (rezidivierende depressive Störung, PTBS, Borderline-Persönlichkeitsstörung).

Bei einer Verdopplung der kodierten Tage mit 3 oder mehr Intensivmerkmalen würde durch die höhere Anzahl von eT ein zusätzlicher Erlös von 2467,40 € erbracht (Anzahl Tage mit 3–4 Merkmalen × 0,1898 × 250 €) [4, 5].

Analog zur Fallgruppe 1 und 2 wird eine 6 bis 12 Stunden lange 1:1 Betreuung bei 10 % der Fälle simuliert. Bei zusätzlichen 12 Fällen würde eine 6 bis 12 Stunden lange 1:1 Betreuung einen Gesamterlös von 3483,90 € einbringen [5].

Wie auch die Patienten der Fallgruppe 2 könnten auch die Patienten der Fallgruppe 3 mit der Verweildauer ohne Auf- oder Abschlag in einem somatischen Krankenhaus behandelt werden. Davon ausgehend, dass keine zusätzlich abrechenbaren (Intensiv-)Leistungen anfallen, würde in diesem Fall der Erlös mit 1525,21 € pro Fall geringer als der Durchschnitt der Fallgruppe mit 1674,67 € ausfallen. Dabei ist jedoch zu berücksichtigen, dass die mittlere Verweildauer im G-DRG-System 4,2 Tage beträgt (entspricht 5,2 Tage nach der Berechnung der Verweildauer nach PEPP-System) und die der Fallgruppe 6,01 Tage. Wie auch bei der Fallgruppe 2 könnte eine Behandlung in einer somatischen Klinik begonnen und der Patient am 2. Tag nach der Aufnahme zur weiteren Behandlung in eine psychiatrische Klinik verlegt werden. In diesem Fall könnte erst die Fallpauschale abzüglich des Verlegungsabschlags (Bewertungsrelation 0,478, Verlegungsabschlag 2 × 0,091) abgerechnet werden und ab dem Verlegungstag die weitere Behandlung nach dem PEPP-System. Der Erlös hiervon wäre 1154,12 € für den PEPP-Fall zzgl. 944,48 € für den G-DRG-Fall, zusammen 2098,6 €. Dies entspricht ca. 125 % des durchschnittlichen PEPP-Falles [2, 4].

8.4 Simulationen mit der Fallgruppe 4: Patienten mit komplexem sozialem Klärungsbedarf

Die Fallgruppe 4 ist die erste der Fallgruppen, in die auch längere Behandlungen fallen. Die durchschnittliche Verweildauer der Fallgruppe 3 beträgt 12,46 Tage, bei Verweildauern von 8 bis 77 Tagen. Simuliert wird der Erlös bei einer durchschnittlichen Verweildauer von + bzw. −2 Behandlungstagen.

Für eine Verweildauer im Bereich der linearen Degression (danach ist der Erlös pro Tag konstant) steigt der Erlös für die PEPP PA02D je Behandlungstag für jede Reduktion der Verweildauer um einen Tag um 0,0056 Relativgewichte. In der Fallgruppe 4 sind dies 270 von 280 Fällen (96,43 %), für die dies zutrifft (Verweildauer 8 bis 23 Tage). Ein Fall (0,36 %) hat eine Verweildauer von 24 Tagen, sodass bei der Simulation einer Reduktion um 2 Behandlungstage bei diesem Fall nur 50 % der Wirkung auf die Erlöse eintritt. Für den Rest der Fälle hat die Verkürzung der Verweildauer um 2 Tage keine Auswirkung. Entsprechend wird für die 78,21 % der Patienten mit der PEPP PA02D eine Erhöhung der durchschnittlichen Erlöse pro Tag um 0,0112 Relativgewichte (0,0056 × 2) multipliziert mit 96,61 % (96,43 % + (0,5 × 0,36 %)) gerechnet. Die simulierte Verkürzung der durchschnittlichen Verweildauer bedeutet nicht, dass jeder Fall genau um 2 Tage verkürzt wird. Zur Vereinfachung wird es aber angenommen. Analog hierzu wird mit den Fällen aus den anderen PEPP-Kategorien verfahren, wobei sowohl das Ausmaß der Erlösveränderung als auch das Ende der Erlösdegression aus dem Entgeltkatalog entnommen wird. Zusätzlich muss der durchschnittliche Abschlag für Fallzusammenführungen eingerechnet werden. Dieser beträgt für die Fallgruppe 4 1,25 %.

Insgesamt führt die Verkürzung der Verweildauer um 2 Tage zu einem Anstieg des Erlöses pro Behandlungstag um 0,0131701 Relativgewichte × 0,9875 (3,25 €). Der neue durchschnittliche Erlös pro Fall wäre 2666,92 €, was insgesamt zu Mindererlösen von 134.327,99 € führen würde, bei 560 eingesparten Behandlungstagen (140.000 € Erlös bei einem Relativgewicht von 1,0) [4].

Die Auswirkungen einer Erhöhung der Verweildauer werden ähnlich wie die Verringerungen berechnet. Angepasst wird die Anzahl der nicht oder teilweise betroffenen Fälle. Hierdurch würden die Erlöse pro Behandlungstag um 0,0127379 Relativgewichte sinken (mit dem Fallzusammenführungsabschlag 3,14 €). Das Ergebnis wäre ein neuer durchschnittlicher Fallerlös von 3637,34 €, was zu Mehrerlösen von 137.271,05 € führen würde. Die hierfür benötigten zusätzlichen 560 Behandlungstage erzielten bei einem Relativgewicht von 1,0 einen Erlös von 140.000 € [4].

Würde man hingegen (ausgehend vom Konzept der Fallgruppe) die Klärung der Problemsituation der Patienten weniger ernst nehmen und bei 50 % der Patienten nur eine einfache Entgiftung machen (Simulation mit Werten der Fallgruppe 2), wäre das Ergebnis, dass man pro Fall 1837,66 € weniger einnehmen würde, bei 140 Fällen 257.272,40 €. Gespart würden 1052,8 Behandlungstage, die bei einem Relativgewicht von 1,0 pro Fall einen Erlös von 263.200,00 € einbrächten. Das Risiko wäre aber auch hier ein Anstieg der Wiederaufnahmequote mit Erlöseinbußen beim gesamten Patientenkollektiv. In diesem Beispiel würde ein Anstieg der gesamten Wiederaufnahmen um 11,3 % ausreichen, um die oben errechneten potentiellen Mehrerlöse mit dem „Standardfall" von 5927,6 € auszugleichen.

In der Fallgruppe 4 ist bei 20,00 % der Fälle mindestens für einen Behandlungstag eine Intensivbehandlung mit 3 oder mehr Merkmalen kodiert. Innerhalb dieser Fälle im Durchschnitt 2,89 Tage für 3–4 Merkmale. Nur einmal wurden 5 Merkmale kodiert (0,36 % der Fälle). Aufgrund der Verweildauer dieser Fallgruppe von mindestens 8 Tagen ist das Kriterium des hohen Anteils (> 50 %) nur selten erfüllt. Nur 3 von den 280 Fällen (1,07 %) werden hierdurch von dem PEPP-Code PA02D in den PEPP-Code PA02C überführt. Daher wird dieser Faktor in die Simulation nicht aufgenommen.

Durch eine Verdopplung der Kodierungen der Intensivmerkmale und die vermehrte Anzahl von eT wird ein zusätzlicher Erlös von 7745,78 € erbracht (Anzahl Tage mit 3–4 Merkmalen × 0,1898 × 250 € + Anzahl Tage mit 5 Merkmalen × 0,2355 × 250 €) [4, 5].

Analog zu den vorangegangenen Fallgruppen wird eine 6 bis 12 Stunden lange 1:1 Betreuung bei 10 % der Fälle simuliert. Bei zusätzlichen 28 Fällen würde eine 6 bis 12 Stunden lange 1:1 Betreuung einen Gesamterlös von 8129,10 € einbringen [5].

Nach dem Konzept der Fallgruppe besteht bei den Fällen der Gruppe 4 ein besonders hoher Aufwand für die Klärung sozialer Fragestellungen. Bei vielen der Patienten macht weder eine psychotherapeutische noch eine qualifizierte Entzugsbehandlung Sinn, die bei entsprechender Dokumentation und Kodierung zu einer Aufwertung der PEPP-Code-Verteilung führen würden.

Aufgrund der mittleren Verweildauer von 12,46 Tagen würden die meisten Patienten der Fallgruppe 4 in der Abrechnung nach G-DRG-System oberhalb der oberen Grenzverweildauer einer einfachen, nicht qualifizierten Entzugsbehandlung liegen. Die Erlöse pro Tag wären dennoch, auch bei längeren Behandlungen, unter denen der PEPP-Fälle (vgl. Abb. 2.1).

Wesentlich interessanter erscheint die Simulation eines Behandlungsbeginns in einer internistischen Abteilung und im Verlauf eine Verlegung in die Psychiatrie. Bei einer Verlegung am 2. Tag nach der Aufnahme könnte erst die Fallpauschale (Bewertungsrelation 0,478, Verlegungsabschlag 2 × 0,091 × 3190,81 € – Landesbasisfallwert NRW) abgerechnet werden und dann ab dem Verlegungstag die weitere Behandlung nach dem PEPP-System. Der Erlös hiervon wäre 2666,92 € für den PEPP-Fall (Rechnung s. o.) zzgl. 944,48 € für den G-DRG-Fall, zusammen 3611,40 €. Dies entspricht ca. 115 % des durchschnittlichen PEPP-Falles [2, 4].

8.5 Simulationen mit der Fallgruppe 5: Patienten mit zusätzlichem Behandlungsbedarf durch eine komorbide psychische Erkrankung

Wie auch bei der Fallgruppe 4 wird der Erlös bei einer veränderten Verweildauer von +
bzw. −2 Behandlungstagen simuliert. Aufgrund der Verweildauer von durchschnittlich
19,01 Tagen spielt das Ende der Degression für die einzelnen PEPP-Codes eine noch
bedeutendere Rolle als bei der Fallgruppe 4. Die Berechnung erfolgt analog zu der der
Fallgruppe 4.

Insgesamt führt die Verlängerung der Verweildauer um 2 Tage zu einem Abfall des
Erlöses pro Behandlungstag um 0,010663 Relativgewichte. Multipliziert mit dem Abschlag für Fallzusammenführungen von 1,43 % entspricht dies 2,63 €. Der neue durchschnittliche Erlös pro Fall wäre 5204,23 € (errechnet aus durchschnittlichem Erlös pro
Behandlungstag −2,63 € multipliziert mit der neuen durchschnittlichen Verweildauer).
Das würde insgesamt zu Mehrerlösen von 80.414,97 € führen bei 316 zusätzlichen Behandlungstagen (79.000 € Erlös bei einem Relativgewicht von 1,0) [4].

Die Auswirkung einer Verringerung der Verweildauer um 2 Tage wäre eine Erhöhung des Erlöses pro Behandlungstag um 0,011187 Relativgewichte, was unter Berücksichtigung des Abschlags für Fallzusammenführungen eine Erhöhung des Erlöses pro
Behandlungstag von 2,76 € entspricht. Der neue durchschnittliche Erlös pro Fall wäre
4305,06 €. Dies führte zu Minderlösen von 61.653,04 €, bei gesparten 316 Behandlungstagen (79.000 € Erlös bei einem Relativgewicht von 1,0) [4].

In der Fallgruppe 5 ist bei 25,95 % der Fälle mindestens für einen Behandlungstag eine
Intensivbehandlung mit 3 oder 4 Merkmalen kodiert, innerhalb dieser Fälle im Durchschnitt 3,68 Tage. 5 oder mehr Merkmale sind für keinen Fall kodiert. Aufgrund der
Verweildauer ist auch in dieser Fallgruppe das Kriterium des hohen Anteils (> 50 %) nur
selten erfüllt. Nur 4 von den 158 Fällen (2,53 %) werden hierdurch von der PEPP PA02D
in die PEPP PA02C überführt.

Durch eine Verdopplung der Kodierungen der Intensivmerkmale und die vermehrte
Anzahl von eT wird ein zusätzlicher Erlös von 7164,95 € erbracht (Anzahl Tage mit
3–4 Merkmalen × 0,1898 × 250 €) [4, 5].

Analog zu den vorangegangenen Fallgruppen wird eine zusätzliche 6 bis 12 Stunden
lange 1:1 Betreuung bei 10 % der Fälle simuliert. In der Fallgruppe ist dies bei einem Fall
kodiert. Bei zusätzlichen 16 Fällen würde eine solche 1:1 Betreuung einen Gesamterlös
von 4645,2 € einbringen [5].

Nach dem Konzept der Fallgruppe liegt aufgrund der komorbiden psychischen Erkrankungen der Patienten ein über die somatische Entgiftung hinausgehender Behandlungsauftrag vor. Wenn man diesen mit den abrechnungsrelevanten Parametern des PEPP-Systems
zusammen bringt, könnte man daraus das Ziel entwickeln, diesen Patienten eine regelmä-
ßige psychotherapeutische Behandlung mit durchschnittlich mehr als 6 Therapieeinheiten
pro Woche anzubieten. Hierdurch könnte man, unabhängig von der sonstigen PEPP-Ein-

stufung, einen Fall, der sonst mit der PEPP PA02C oder PA02D abgerechnet würde, als PA02B abrechnen.

Um die möglichen Auswirkungen hiervon abzuschätzen, werden die Folgen einer Umkodierung von ca. 50 % der Fälle mit der PEPP PA02C und PA02D auf die PEPP PA02B simuliert. Dies erfolgt mittels Excel und der Datenbank. Manuell werden ca. 50 % der entsprechenden Fälle umkodiert. Hierzu wird die Tabelle nach den PEPP-Kodes (erste Variable) und dann nach dem Pseudonym sortiert (sollte unabhängig von den anderen Falldaten sein und eine Art zufällige Verteilung erzeugen). Dann werden von den 109 Fällen mit der PEPP PA02D 55 auf PA02B umkodiert und von der PEPP PA02C 15 von 31 Fällen. Danach wird das Makro zur Erlösberechnung erneut aufgerufen. Das Ergebnis ist ein neuer durchschnittlicher Erlös von 260,70 € pro Tag (267,05 € für die aufgewerteten 50 % der Fälle) und ein Mehrerlös von 25.113,17 €. Ausgehend von den veränderten 70 Fällen und der durchschnittlichen Verweildauer der Fallgruppe von 19,01 sind dies 190,1 Behandlungswochen für die jeweils durchschnittlich ca. 5,6 Therapieeinheiten pro Woche (á 25 Min.), die zusätzlich erbracht werden müssen (Ziel > 6, Durchschnitt aktuell dokumentiert: 1,32 bei 19,01 Tagen, was ca. 0,49 TE pro Woche entspricht) [3, 4].

Aufgrund der mittleren Verweildauer von 19,01 Tagen würden die meisten Patienten der Fallgruppe 5 in der Abrechnung nach G-DRG-System oberhalb der oberen Grenzverweildauer einer einfachen nicht qualifizierten Entzugsbehandlung liegen. Darüber hinaus würde dort die komorbide psychische Störung nicht adäquat behandelt werden. Aufgrund dessen macht eine Ersatzbehandlung auf einer internistischen Station wenig Sinn. Wesentlich interessanter erscheint auch hier die Simulation eines Behandlungsbeginns in einer internistischen Abteilung und im Verlauf eine Verlegung in die Psychiatrie. Bei einer Verlegung am 2. Tag nach der Aufnahme könnte erst die Fallpauschale (Bewertungsrelation 0,478, Verlegungsabschlag $2 \times 0,091 \times 3190,81$ € – Landesbasisfallwert NRW) abgerechnet werden und ab dem Verlegungstag die weitere Behandlung nach dem PEPP-System. Der Erlös hiervon wäre 4305,06 € für den PEPP-Fall (Rechnung s. o.) zzgl. 944,48 € für den G-DRG-Fall, zusammen 5249,54 €. Dies entspricht 111,8 % des durchschnittlichen PEPP-Falles [2, 4].

8.6   Simulationen mit der Fallgruppe 6: Motivationsbehandlungen

Wie auch bei den Fallgruppen 4 und 5 wird der Erlös bei einer veränderten Verweildauer von + bzw. −2 Behandlungstagen simuliert. Aufgrund der Verweildauer von durchschnittlich 20,45 Tagen ist das Ende der Degression für die einzelnen PEPP-Kodes von großer Bedeutung. Die Berechnung erfolgt analog zu der für die Fallgruppen 4 und 5.

Insgesamt führt die Verkürzung der Verweildauer um 2 Tage zu einem Anstieg des Erlöses pro Behandlungstag um 0,010944 Relativgewichte. Multipliziert mit dem Abschlag für Fallzusammenführungen von 0,69 % entspricht dies 2,72 €. Der neue durchschnittliche Erlös pro Fall wäre 4600,27 € (errechnet aus durchschnittlichem Erlös pro Behandlungstag +2,72 € multipliziert mit der neuen durchschnittlichen Verweildauer),

was bezogen auf die gesamte Fallgruppe zu Mindererlösen von 53.232,15 € führen würde, bei 258 eingesparten Behandlungstagen (64.500,00 € Erlös bei einem Relativgewicht
von 1,0) [4].

Die Auswirkung einer Erhöhung der Verweildauer um 2 Tage wäre eine Verringerung
des Erlöses pro Behandlungstag um 0,009999 Relativgewichte, was unter Berücksichtigung des Abschlags für Fallzusammenführungen einer Verringerung des Erlöses pro
Behandlungstag von 2,48 € entspricht. Der neue durchschnittliche Erlös pro Fall wäre
5480,88 €. Dies führte zu Mehrerlösen von 60.366,28 € bei zusätzlichen 258 Behandlungstagen (64.500,00 € Erlös bei einem Relativgewicht von 1,0) [4].

Nach dem Konzept der Fallgruppe sollen die Patienten dieser Fallgruppe nach der somatischen Entgiftung eine Motivationstherapie erhalten. Trotz der geringen Anzahl dokumentierter und kodierter qualifizierter Entzugsbehandlungen (7 von 129 Fällen = 5,43 %)
ist anzunehmen, dass deutlich mehr Patienten aus dieser Gruppe eine vergleichbare Therapie erhalten haben. Sollte diese nicht den Kriterien des PEPP-Systems entsprechen, wäre
eine Angleichung sinnvoll, was zu weniger Patienten mit der PEPP PA02D und mehr
mit der PEPP PA02C führen würde. Alternativ könnten einige Patienten eine intensivere
psychotherapeutische Behandlung erhalten. Bei durchschnittlich mehr als 6 Therapieeinheiten durch Ärzte oder Psychologen pro Woche kann die PEPP PA02B kodiert werden.

In der Simulation werden die Auswirkungen einer kodierten qualifizierten Entzugsbehandlung bei zusätzlichen 50 % aller Patienten simuliert sowie eine Quote von 25 % für
strukturierte psychotherapeutische Behandlungen mit > 6 Therapieeinheiten pro Woche.

Da nur bei den Fällen aus der PEPP PA02D die QE zu einer veränderten Einteilung führt, wird nur aus dieser Untergruppe eine Veränderung der Eingruppierung vorgenommen (Vorgehen wie bei Abschn. 8.5). Das Resultat ist ein neuer Erlös pro Fall von
5057,35 €, auf die gesamte Fallgruppe bezogen wäre der zusätzliche Erlös 5731,01 €
(0,88 %).

Im nächsten Schritt wird bei 50 % der verbleibenden Fälle mit der PEPP PA02D
(23 Fälle), sowie bei 25 % der ursprünglichen Fälle der PEPP PA02C (26 Fälle, 25 % =
6,5 Fälle; gerundet auf 7) die Kodierung auf PA02B geändert. Dies führt zu einer weiteren
Steigerung des Erlöses um 11.985,15 €. Der neue Gesamterlös wäre für die Fallgruppe
664.382,84 € (Anstieg von 2,74 %).

Für die 30 Fälle würden bei durchschnittlich 20,45 Behandlungstagen (87,6 Behandlungswochen) zusätzlich je ca. 5,3 Therapieeinheiten pro Woche durch Ärzte oder Psychologen benötigt. Dies entspricht insgesamt 464,28 Therapieeinheiten. Bei einer Einheit
mit 25 Minuten zzgl. 5 Minuten Zeit für die Dokumentation wären dies 232,14 Stunden
bei Einzeltherapien [3, 4].

Um die finanziellen Auswirkungen einer Behandlungsverkürzung zu einer einfachen
Entzugsbehandlung abzuschätzen, wird für 50 % der Fälle (gerundet auf 65) eine Überführung in die Fallgruppe 2 errechnet. Dies würde dazu führen, dass man pro Fall 3703,49 €
weniger einnähme, bei 65 Fällen 240.726,85 €. Gespart würden 1008,15 Behandlungstage, die bei einem Relativgewicht von 1,0 pro Fall einem Erlös von 252.037,5 € entsprechen. Weniger groß wäre die Differenz der Erlöse bei dem optimierten Behandlungsver-

lauf mit mehr QE-Tagen und psychotherapeutischen Behandlungen. Hier wäre der Mindererlös pro Fall um 137,33 € höher, bei 65 Fällen wären dies 8926,45 €. Die Differenz zwischen den Erlösverlusten durch die Verkürzung der Behandlung und dem Standarderlös für die freigesetzten Kapazitäten (Relativgewicht 1,0 pro Tag) würde auf 2384,20 € schrumpfen, was bereits durch den riskierten Anstieg der Wiederaufnahmequote ausgeglichen werden könnte.

In der Fallgruppe 6 ist bei 21,71 % der Fälle mindestens für einen Behandlungstag eine Intensivbehandlung mit 3 oder 4 Merkmalen kodiert, innerhalb dieser Fälle im Durchschnitt 3,96 Tage. Der Durchschnitt wird dabei durch einen Einzelfall mit 35 kodierten Tagen (31,53 % der Gesamttage) deutlich beeinflusst. 5 oder mehr Merkmale sind für keinen Fall kodiert. Aufgrund der Verweildauer ist auch in dieser Fallgruppe das Kriterium des hohen Anteils (> 50 %) nur selten erfüllt. Nur einer von den 129 Fällen wird hierdurch von der PEPP PA02D in die PEPP PA02C überführt. Entsprechend wird dieser Einfluss nicht in die weitere Simulation aufgenommen.

Durch eine Verdopplung der Kodierungen der Intensivmerkmale und die vermehrte Anzahl von eT wird ein zusätzlicher Erlös von 5266,95 € erbracht (Anzahl Tage mit 3–4 Merkmalen × 0,1898 × 250 €) [4, 5].

Analog zu den vorangegangenen Fallgruppen wird eine zusätzliche 6 bis 12 Stunden lange 1:1 Betreuung bei 10 % der Fälle simuliert. Bei zusätzlichen 13 Fällen würde eine solche 1:1 Betreuung einen Gesamterlös von 3774,23 € einbringen [5].

Aufgrund der mittleren Verweildauer von 20,45 Tagen und der Mindestbehandlungsdauer von 12 Tagen würden alle Patienten der Gruppe bei einer Abrechnung nach G-DRG-System oberhalb der oberen Grenzverweildauer einer einfachen Entgiftung liegen, die Mehrzahl sogar über der oberen Grenzverweildauer einer qualifizierten Entzugsbehandlung (17 Tage). Die Erlöse pro Behandlungstag sind bei einer qualifizierten Entzugsbehandlung ungefähr bei einer Therapiedauer von 12 Tagen identisch. Bei kürzerer Verweildauer ist der Erlös pro Tag nach G-DRG-System höher, danach nach dem PEPP-System.

Aufgrund dessen wird, neben einem Vergleich der Abrechnung der Fallgruppe nach G-DRG-System, auch simuliert, wie es sich auswirkt, wenn die Behandlung in der internistischen Abteilung beginnt und in der Psychiatrie fortgesetzt wird.

Bei der durchschnittlichen Verweildauer von 20,45 Tagen wird zur vereinfachten Simulation der Erlöse nach G-DRG für 50 % der Patienten eine Verweildauer von 20 und für 50 % der Patienten eine von 21 Tagen angenommen (nach PEPP-System, nach G-DRG-Abrechnung ohne den Entlassungstag 19 bzw. 20 Tage). Die Erlöse wären (0,976 [Bewertungsrelation der Grundleistung] + 0,061 [Langliegerzuschlag] × 3,5 [durchschnittliche Tage über obere Grenzverweildauer]) × 3190,81 € [Landesbasisfallwert NRW] = 3795,47 €. Dies liegt deutlich unter der durchschnittlichen Vergütung der Fallgruppe mit 5012,92 €.

Bei einer Verlegung am 2. Tag nach der Aufnahme könnte erst die Fallpauschale (Bewertungsrelation 0,478, Verlegungsabschlag 2 × 0,091 × 3190,81 € – Landesbasisfallwert NRW) abgerechnet werden und dann ab dem Verlegungstag die weitere Behandlung nach dem PEPP-System. Der Erlös hiervon wäre 4600,27 € für den PEPP-Fall (Rechnung s. o.) zzgl. 944,48 € für den G-DRG-Fall, zusammen 5544,75 €. Dies entspricht 110,6 % des Erlöses des durchschnittlichen PEPP-Falles [2, 4].

8.7 Übertragung der Simulationsszenarien auf den Gesamtdatensatz

Die Tab. 8.1 zeigt eine Übersicht über die Simulationen für die einzelnen Fallgruppen. Neben der Fallgruppe (FG), der von der Maßnahme betroffenen Fallzahl (FZ), zeigt sie die Verweildauer in Tagen (VWD), die Veränderung der Verweildauer (Δ VWD), der Erlös pro Tag, die Veränderung (Δ) des durchschnittlichen Fallerlöses, der neue Gesamterlös, die Veränderung (Δ) des Gesamterlöses, die Summe der eingesparten oder zusätzlich benötigten Behandlungstage ($\Sigma\Delta$ VWD) und die Erlöse, die mit diesen Behandlungskapazitäten bei einem Durchschnittsfall mit einem Relativgewicht von 1,0 erzielt werden könnten (Erlös $\Sigma\Delta$ VWD bei RG 1). Bei den Szenarien mit einer Verlegung zwischen einer internistischen und einer psychiatrischen Abteilung wurde als Verweildauer die Gesamtdauer genommen, berechnet wie bei einem PEPP-Fall. Bei Maßnahmen, wie zum Beispiel zusätzlichen 10 % 1:1 Betreuungen, wurden die Auswirkungen auf die gesamte Fallgruppe zusammengefasst, während bei den Verschiebungen von Fällen zwischen den Fallgruppen die Veränderungen der unmittelbar betroffenen Fälle genommen wurde. Dies kann man an der Fallzahl in der 2. Spalte erkennen.

Wenn man die simulierten Werte der Szenarien mit den maximalen Verkürzungen der Verweildauer zugrunde legt, ohne die Verschiebungen zwischen den Fallgruppen, so kommt man auf eine Minderung des Erlöses von 454.175,40 € (14,49 % des Gesamterlöses) bei eingesparten 1975,4 Behandlungstagen (16,02 % der ausgewerteten Behandlungstage). Dies entspricht ca. 6 stationären Betten über ein Jahr bei einer durchschnittlichen Belegung von 90 %. Der entgangene Erlös pro gespartem Behandlungstag beträgt 229,92 € und liegt damit bei dem eines Falles mit einem Relativgewicht von 0,919663 pro Tag. Das Minimum, das ein gültiger Fall aus der Gruppe der Abhängigkeitserkrankungen an Erlös bringen kann, wäre ein Relativgewicht pro Behandlungstag von 0,9406 bei der PEPP PA02D ab einer Verweildauer von 23 Tagen aufwärts.

Im Interview mit dem leitenden Oberarzt der Abteilung für Abhängigkeitserkrankungen wurde eine Tendenz beschrieben, dass in den letzten Jahren die stationären Kapazitäten im Bereich Abhängigkeitserkrankungen reduziert und Kapazitäten für Depressionsbehandlungen erweitert wurden. Wenn man dieser Tendenz folgend, die in der Simulation freigesetzten Kapazitäten stattdessen für Depressionsbehandlungen nutzte, könnte bei einem gut strukturierten psychotherapeutisch ausgerichteten Behandlungskonzept mit einer Dauer von mehr als 14 Behandlungstagen ein Relativgewicht von 1,0548 pro Tag abgerechnet werden (PEPP PA04A) [4]. Die Mehrerlöse für die 1975,4 Behandlungstage wären dann 66.737,58 €.

Die Summe der Mehrerlöse bei den simulierten Behandlungsverlängerungen würden 455.223,05 € betragen (14,52 % des errechneten Gesamterlöses). Dafür benötigte man

Tab. 8.1 Überblick über die Simulationen der einzelnen Fallgruppen. (Eigene Darstellung)

FG	FZ	Simulierte Maßnahme	VWD	Δ VWD	Erlös pro T.	Δ Fallerlös	Gesamterlös	Δ Gesamterlös	ΣΔ VWD	Erlös ΔΣ VWD bei RG 1
1	260	Verweildauer 1 Tag	1	−0,74	315,01 €	−193,13 €	81.902,60 €	−50.213,12 €	−192,4	48.100,00 €
1	260	Verweildauer 2 Tage	2	0,26	287,52 €	66,90 €	149.510,40 €	17.394,68 €	67,6	−16.900,00 €
1	173	Überführung 2/3 der Fälle in FG2	4,94	3,2	267,99 €	801,29 €	226.531,39 €	138.623,17 €	553,6	−138.400,00 €
1	260	Doppelte eT für ITS-Betreuung ab 3 Merkmalen	1,74	0	305,79 €	17,02 €	136.540,92 €	4.425,20 €	0	0,00 €
1	260	Zus.1:1 Betr. über 6–12 Std. bei 10 % der Fälle	1,74	0	313,03 €	29,03 €	139.664,17 €	7.548,45 €	0	0,00 €
1	260	Abrechnung der Fallgruppe nach G-DRG	1,74	0	297,07 €	8,77 €	134.396,60 €	2.280,20 €	0	0,00 €
2	401	Ø Verweildauer −1 Tag	3,94	−1	275,25 €	−224,94 €	434.880,49 €	−90.200,25 €	−401	100.250,00 €
2	401	Ø Verweildauer +2 Tage	6,94	2	253,34 €	448,75 €	705.030,18 €	179.949,19 €	802	−200.500,00 €
2	148	Überführung Notaufnahmen in FG1	1,74	−3,2	292,03 €	−801,29 €	75.204,72 €	−118.590,92 €	−473,6	118.400,00 €
2	120	Überführung von ca. 30 % der Fälle in QE	21	16,06	242,20 €	3.776,82 €	610.350,00 €	453.218,40 €	1.927,20	−481.800,00 €
2	401	Doppelte eT für ITS-Betreuung ab 3 Merkmalen	4,94	0	273,13 €	25,41 €	535.270,84 €	10.187,97 €	0	0,00 €
2	401	Zus.1:1 Betr. über 6–12 Std. bei 10 % der Fälle	4,94	0	273,87 €	29,03 €	536.722,46 €	11.613,20 €	0	0,00 €
2	401	Abrechnung der Fallgruppe nach G-DRG	4,94	0	308,75 €	215,78 €	611.609,21 €	86.527,78 €	0	0,00 €
2	401	Abrechnung G-DRG bis 3. Tag, dann PEPP	4,94	0	356,69 €	452,63 €	706.586,06 €	181.504,63 €	0	0,00 €

Tab. 8.1 (Fortsetzung)

FG	FZ	Simulierte Maßnahme	VWD	Δ VWD	Erlös pro T.	Δ Fallerlös	Gesamterlös	Δ Gesamterlös	ΣΔ VWD	Erlös ΔΣ VWD bei RG 1
3	124	Ø Verweildauer −2 Tage	4,01	−2	287,81 €	−520,55 €	143.110,88 €	−64.548,85 €	−248	62.000,00 €
3	124	Ø Verweildauer +2 Tage	8,01	2	275,93 €	535,53 €	274.064,71 €	63.816,33 €	248	−62.000,00 €
3	124	Doppelte eT für ITS-Betreuung ab 3 Merkmalen	6,01	0	285,34 €	19,90 €	210.126,48 €	2.467,40 €	0	0,00 €
3	124	Zus.1:1 Betr. über 6–12 Std. bei 10 % der Fälle	6,01	0	286,70 €	28,10 €	211.142,98 €	3.483,90 €	0	0,00 €
3	124	Abrechnung G-DRG bis 3. Tag, dann PEPP	6,01	0	352,57 €	423,93 €	260.226,40 €	52.567,32 €	0	0,00 €
4	280	Ø Verweildauer −2 Tage	10,46	−2	257,94 €	−480,17 €	746.737,60 €	−134.327,99 €	−560	140.000,00 €
4	280	Ø Verweildauer +2 Tage	14,46	2	251,55 €	490,25 €	1.018.455,20 €	137.271,05 €	560	−140.000,00 €
4	140	Überführung 50 % der Fälle in FG2	4,94	−7,52	267,99 €	−1.837,66 €	183.320,20 €	−257.272,40 €	−1052,8	263.200,00 €
4	280	Doppelte eT für ITS-Betreuung ab 3 Merkmalen	12,46	0	256,91 €	27,66 €	888.930,98 €	7.745,78 €	0	0,00 €
4	280	Zus.1:1 Betr. über 6–12 Std. bei 10 % der Fälle	12,46	0	257,02 €	29,03 €	889.314,30 €	8.129,10 €	0	0,00 €
4	280	Abrechnung G-DRG bis 3. Tag, dann PEPP	12,46	0	291,95 €	464,31 €	1.011.192,00 €	130.006,80 €	0	0,00 €
5	158	Ø Verweildauer +2 Tage	21,01	2	247,70 €	508,96 €	822.268,34 €	80.414,97 €	316	−79.000,00 €
5	158	Ø Verweildauer −2 Tage	17,01	−2	253,09 €	−390,21 €	680.199,48 €	−61.653,04 €	−316	79.000,00 €
5	158	Doppelte eT für ITS-Betreuung ab 3 Merkmalen	19,01	0	252,72 €	45,35 €	749.017,61 €	7.164,95 €	0	0,00 €
5	158	Zus.1:1 Betr. über 6–12 Std. bei 10 % der Fälle	19,01	0	251,88 €	29,40 €	746.497,86 €	4.645,20 €	0	0,00 €

Tab. 8.1 (Fortsetzung)

FG	FZ	Simulierte Maßnahme	VWD	Δ VWD	Erlös pro T.	Δ Fallerlös	Gesamterlös	Δ Gesamterlös	ΣΔ VWD	Erlös ΔΣ VWD bei RG 1
5	79	Einführung von PT >6E für 50 % der Fälle	19,01	0	267,05 €	317,89 €	396.039,50 €	25.113,17 €	0	0,00 €
5	158	Abrechnung G-DRG bis 3. Tag, dann PEPP	19,01	0	279,49 €	554,27 €	829.427,32 €	87.574,17 €	0	0,00 €
6	129	Ø Verweildauer +2 Tage	22,45	2	244,14 €	467,96 €	707.032,96 €	60.366,28 €	258	−64.500,00 €
6	129	Ø Verweildauer −2 Tage	18,45	−2	249,34 €	−412,65 €	593.434,83 €	−53.232,15 €	−258	64.500,00 €
6	129	Kodierung einer QE bei zus. 50 % der Fälle	20,45	0	248,79 €	44,43 €	652.398,15 €	5.731,01 €	0	0,00 €
6	129	QE bei zus. 50 % & PT >6E bei 25 % der Fälle	20,45	0	253,34 €	137,33 €	664.382,84 €	17.716,16 €	0	0,00 €
6	65	Überführung 50 % der Fälle in FG2	4,94	−15,51	267,99 €	−3.703,49 €	85.112,95 €	−252.037,50 €	−1008,2	252.037,50 €
6	129	Doppelte eT für ITS-Betreuung ab 3 Merkmalen	20,45	0	248,62 €	40,83 €	651.933,63 €	5.266,95 €	0	0,00 €
6	129	Zus.1:1 Betr. über 6–12 Std. bei 10 % der Fälle	20,45	0	248,05 €	29,26 €	650.440,91 €	3.774,23 €	0	0,00 €
6	129	Abrechnung G-DRG bis 3. Tag, dann PEPP	20,45	0	272,63 €	531,83 €	715.272,75 €	68.606,07 €	0	0,00 €

1850,6 zusätzliche Behandlungstage, was ca. 5,6 stationären Betten über ein Jahr bei einer durchschnittlichen Belegung von 90 % entspricht. Der zusätzliche Erlös pro zusätzlichem Behandlungstag wären 245,99 €, was einem Relativgewicht von 0,983947 entspricht. Zum Vergleich: Ein Fall mit der PEPP PA02D bei einer Verweildauer von 15 Tagen hat einen Erlös pro Behandlungstag von 0,9854 Relativgewichten, ein Fall mit der PEPP PA02C bei einer Verweildauer von 17 Tagen einen von 0,9893. Höher eingruppierte Fälle führen auch bei längerer Verweildauer stets zu höheren Erlösen.

Für die einzelnen Fallgruppen wurden die Auswirkungen einer Erhöhung der dokumentierten Intensivmerkmale und die Auswirkungen auf die Erlöse berechnet. Eine Verdopplung der eT für kodierte Intensivmerkmale bei allen Fallgruppen würde zu einem Mehrerlös von 37.258,25 € führen. Wenn dies nur durch eine Veränderung der Dokumentation und der Kodierung erreicht werden kann, würde dies direkt den Deckungsbeitrag beeinflussen.

Bei einer 1:1 Betreuung über 6–12 h bei zusätzlichen 10 % der Fälle wäre der Mehrerlös 39.194,08 €. Bei einer durchschnittlichen Dauer von 9 h bei 135 Fällen wäre der Erlös pro Stunde 1:1 Betreuung 32,26 €.

Deutlich größere Auswirkungen auf die Erlöse haben die Simulationen mit den Verlegungen zwischen einer somatischen und einer psychiatrischen Behandlung. Werden alle Patienten der Fallgruppen 2 bis 6 zunächst internistisch aufgenommen und dann am zweiten Tag der Behandlung in die Psychiatrie verlegt, führt dies zu einem Mehrerlös von 520.258,99 € (16,60 % des Gesamterlöses), ohne dass es zu einer Veränderung der Therapiedauer oder der benötigten Behandlungsplätze kommt. Nicht berücksichtigt sind hierbei die Effekte auf die Anzahl der Fallzusammenführungen. Bei einer gezielten Aufnahmesteuerung mit wechselnden Aufnahmen auf einer internistischen und einer psychiatrischen Station könnten die Zahl der Fallzusammenführungen und damit die Erlösnachteile reduziert werden.

Literatur

1. DIMDI (2014) Behandlung bei psychischen und psychosomatischen Störungen und Verhaltensstörungen bei Erwachsenen (9-60…9-64). https://www.dimdi.de/static/de/klassi/ops/kodesuche/onlinefassungen/opshtml2015/block-9-60...9-64.htm. Zugegriffen: 15. Mai 2015
2. Fallpauschalen-Katalog G-DRG 2015 (2014) InEK. S 66–67
3. Pauschalierendes Entgeltsystem Psychiatrie/Psychosomatik, Version 2015 – Definitionshandbuch (2014) InEK. S 213–221
4. PEPP-Entgeltkatalog – Version 2015 (2014) InEK. S 3–5
5. PEPP-Entgeltkatalog – Version 2015 (2014) InEK. S 35

Stellungnahmen zu den Hypothesen

Zusammenfassung

Anhand der aufbereiteten Daten des erstellten Behandlungsmodells und der durchgeführten Simulationen können nun fundierte Aussagen zu den im Vorfeld formulierten
Hypothesen getroffen werden. Eine Verkürzung der Verweildauer führt zu höheren
Erlösen pro Behandlungstag. Es entstehen Anreize zur Mehrdokumentation bzw. Mehrkodierung, da diese zu Mehrerlösen führen können. Steht aber hinter den kodierten
Maßnahmen ein entsprechender Aufwand, lohnen sich zwar intensive psychotherapeutische Behandlungen, betreuungsintensive Patienten jedoch nicht. Komplexe Fälle
mit intensiven sozialem Klärungsbedarf oder solche, die aufgrund von Wiederaufnahmen zu Fallzusammenführungen führen, werden im System nicht adäquat abgebildet,
während unkomplizierte Fälle, die sich für strukturierte psychotherapeutische Behandlungen eignen, besonders „lukrativ" sind. Durch eine gezielte Aufnahmesteuerung oder
Verlegungen zwischen somatischen und psychiatrischen Abteilungen lassen sich deut-
liche Mehrerlöse bei der Behandlung von Alkoholabhängigen generieren.

Anhand der aufbereiteten Daten des erstellten Behandlungsmodells und der durchgeführten Simulationen können nun fundierte Aussagen zu den im Vorfeld formulierten
Hypothesen getroffen werden.

9.1 Hypothese 1: Kürzere Behandlungen werden gefördert, und es werden Anreize zur früheren Entlassung/Verlegung geschaffen

Im Vergleich der einzelnen Fallgruppen untereinander zeigt sich, dass je niedriger die
durchschnittliche Verweildauer ist, desto größer ist der Erlös pro Tag. Die einzige Ausnahme hiervon zeigt sich beim Vergleich der Fallgruppen 2 und 3, wobei die Fallgruppe 3
trotz der höheren durchschnittlichen Verweildauer (6,01 Tage FG 3 statt 4,94 Tage FG 2)

© Springer Fachmedien Wiesbaden 2016
H. Horter et al., *Systemimmanente Anreize im Pauschalierenden Entgeltsystem Psychiatrie und
Psychosomatik (PEPP)*, Controlling im Krankenhaus, DOI 10.1007/978-3-658-12658-2_9

einen höheren Erlös pro Behandlungstag erbringt. Dies liegt an dem gravierenden Unterschied der Verteilung der PEPP-Codes zwischen diesen Fallgruppen (FG 3 1,61 % PA02D; FG 2 93,77 % PA02D).

Auch bei den Simulationen der Behandlungsverkürzungen zeigt sich, dass dies zu einer Erhöhung der Erlöse pro Behandlungstag führt. Außer bei der sehr kurzen Verweildauer der Fallgruppe 1 und bei der relativ guten PEPP-Einstufung der Fallgruppe 3 können durch eine Behandlungsverkürzung auch die Gesamterlöse erhöht werden, wenn die frei werdenden Kapazitäten mit einem Standardfall mit einem Tagesrelativgewicht von 1,0 ersetzt werden. Hieraus leitet sich ein Anreiz zur Fallzahlsteigerung ab.

Wenn allerdings die Behandlungsverkürzungen zu einem deutlichen Anstieg der Fallzusammenführungen führen, relativiert dies den Nutzen oder führt sogar zu Erlöseinbußen.

Die Hypothese wird von den durchgeführten Analysen überwiegend bestätigt.

9.2 Hypothese 2: Es werden Anreize geschaffen, mehr Intensivbetreuungen oder intensivere Behandlungen durchzuführen bzw. zu kodieren

In den Analysen zeigt sich, dass diese Hypothese differenziert betrachtet werden muss.

Im analysierten Datensatz waren die Einflüsse von Intensivbetreuungen, im Gegensatz zu intensiveren (psychotherapeutischen) Behandlungen, auf die eigentliche PEPP-Kodierung unerheblich. Deutlicher waren die Einflüsse auf die ergänzenden Tagesentgelte.

Eine niederschwellige Kodierung von Intensivmerkmalen kann zusätzliche Erlöse generieren. Bei der simulierten Verdopplung der eT für kodierte Intensivmerkmale bei allen Fällen wurde ein Mehrerlös von 37.258,25 € errechnet bei zusätzlichen 737 Tagen mit einer intensiven Betreuung bei mindestens 3 Merkmalen. Wenn das das Ergebnis einer Veränderung des Patientenkollektivs ist und nicht das einer anderen Kodierungspraxis, so würde dies für eine deutlich höhere durchschnittliche Akuität der Fälle sprechen und damit auch zu zusätzlichem, vor allem pflegerischem, Arbeitsaufwand führen. Ausgehend von einer durchschnittlichen Arbeitszeit von 8 h pro Tag, 207,5 Arbeitstagen pro Jahr (252 Werktage 2015, 30 Tage Urlaub, 9,5 Krankheitstage, 5 Tage Bildungsurlaub) [2], durchschnittlichen Kosten von 55.000 € für eine Pflegekraft in Vollzeit und einer Verteilung des Arbeitsmehraufwandes über 24 h könnten für den Mehrerlöse durchgängig 0,13 zusätzliche Pflegekräfte im Dienst sein. Hierfür müssten durchschnittlich 2 zusätzliche intensiv zu betreuende Patienten in der Klinik sein. Das bedeutet, dass um eine zusätzliche Pflegekraft rund um die Uhr zu finanzieren, durchschnittlich 15,38 Patienten mit 3 oder mehr Intensivmerkmalen in der Klinik sein müssten. Da diese aber nicht gleichmäßig über das Jahr verteilt sind, wäre mit deutlich höheren Belastungsspitzen zu rechnen, die sich aber nicht vorhersagen lassen. Auch ist bei diesen Patienten anzunehmen, dass oft kürzere 1:1 Begleitungen oder engmaschige Kontakte notwendig sind, sodass es insgesamt anzuzweifeln ist, dass der Mehraufwand durch eine Einzelperson verantwortungsvoll zu bewerkstelligen ist. Dabei wird hier der Mehraufwand für andere Berufsgruppen, wie dem ärztlichen Dienst, noch nicht berücksichtigt.

Auch die eT für 1:1 Betreuungen sind nicht kostendeckend, da hierfür explizit der Einsatz von qualifiziertem Personal gefordert wird [1]. Bei einer Kalkulation mit ca. 55.000 € Kosten pro Jahr für eine (Fach-)Pflegekraft (inkl. Weihnachts-/Urlaubsgeld und sämtlicher Lohnnebenkosten pro Jahr) und 207,5 Arbeitstagen im Jahr (s. o.), betragen die Kosten 265,06 € pro Arbeitstag. Der Erlös für das eT „ET01.01" bei einem Satz von 250 € beträgt 290,33 €. Im Durchschnitt wird aber mehr als ein Arbeitstag hierfür benötigt. Die 6–12 h (im Durchschnitt 9) sind bei einer 90%igen Nutzung der Arbeitskraft (Abzüge für Übergaben, Wege, Umkleiden, Toilettenpausen ...) 1,25 Arbeitstage, was zu Kosten von 331,33 € führt.

Anders sieht es jedoch aus, wenn ohnehin schon durchgeführte 1:1 Betreuungen „aufgerundet" werden und entweder die dokumentierte Zeit oder die reale Betreuungszeit auf >6 h erhöht wird.

Lukrativer erscheint die Durchführung psychotherapeutischer Behandlungen bei längerer Verweildauer. Bei einem Fall mit einer Verweildauer von 23 oder mehr Tagen mit der PEPP PA02D (68,99 % bzw. 71,31 % der Fälle der Fallgruppen 5 und 6) führt die Durchführung einer psychotherapeutischen Behandlung mit >6 TE pro Woche (in mindestens 50 % der Behandlungswochen) zu Mehrerlösen von 0,0977 Relativgewichten oder 24,42 € pro Behandlungstag. Bei der PEPP PA04, wozu u. a. Depressionen gehören, kann dieser Unterschied bis zu 0,1752 Relativgewichte betragen [3]. Davon ausgehend, dass jeder Patient bereits durchschnittlich eine Therapieeinheit pro Woche erhält, 0,1 Therapieeinheiten in Form von Gruppentherapien erbracht werden (z. B. 25 Minuten mit durchschnittlich 10 Patienten) und weitere 5 Therapieeinheiten in Form von Einzelgesprächen und dass auf jede Therapieeinheit mit 25 Minuten 5 Minuten Dokumentation kommen, dann werden pro Patient und Woche zusätzliche 2,55 h benötigt, auf die ein zusätzlicher Erlös von 170,98 € entfällt (67,05 € pro Stunde). Selbst bei Kosten von 100.000 € pro Jahr für einen Therapeuten (Kosten von 66,93 € pro Stunde bei 207,5 Arbeitstagen im Jahr, 8 Arbeitsstunden am Tag und 90 % Arbeitseffektivität) wäre dies kostendeckend. Um die Therapien abzurechnen, wird kein ausgebildeter Psychotherapeut benötigt, es reicht ein studierter Psychologe oder ein Assistenzarzt. Auch muss das Therapieprogramm nur in >50 % der Behandlungswochen stattfinden (z. B. Beginn nach 5 Tagen Entgiftung), sodass der reale Mehrerlös deutlich höher sein kann.

Zusammenfassend kann man sagen, dass Anreize zur Mehrdokumentation bzw. Mehrkodierung geschaffen werden, da diese zu Mehrerlösen führen können. Steht aber hinter den kodierten Maßnahmen ein entsprechender Aufwand, dann wird der Mehraufwand für eine 1:1 Betreuung oder auch einen Patienten mit hoher Betreuungsintensität durch die eT nicht vollständig ausgeglichen, sodass sich dies nicht lohnt. Intensivere psychotherapeutische Behandlungen mit mehr als 6 Therapieeinheiten pro Woche mit einem hohen Anteil können hingegen mehr als nur kostendeckend angeboten werden. Dafür werden klare Anreize geschaffen.

9.3   Hypothese 3: Es entstehen Anreize zur Patientenselektion im Sinne von „lukrativeren" Patientengruppen

Es zeichnet sich eine hoch signifikante negative Korrelation zwischen der Verweildauer und den Erlösen pro Behandlungstag ab (Korrelatationskoeffizient nach Spearman −0,650, Signifikanz (2-seitig) < 0,01; vgl. Abschn. 7.1), sodass man daraus ableiten kann, dass Kurzlieger besonders lukrativ sind (s. auch Abschn. 9.1; unter Vernachlässigung des Aufwands).

Bezogen auf die gebildeten Patientengruppen führen die Fallgruppen 1 bis 3 mit durchschnittlichen Verweildauern von 1,74 bis 6,01 Tagen (Durchschnitt 4,05 Tage), mit durchschnittlichen Erlösen pro Behandlungstag von 267,99 bis 296,35 € (Durchschnitt 279,60 €) zu deutlich höheren Erlösen pro Behandlungstag als die Fallgruppen 4 bis 6 mit durchschnittlichen Verweildauern von 12,46 bis 20,45 Tagen (Durchschnitt 16,10 Tage) und Erlösen pro Behandlungstag von durchschnittlich 246,61 bis 254,69 € (Durchschnitt 251,64 €).

Wenn man aber das Potential der verschiedenen Patientengruppen betrachtet, so sind neben den Kurzliegern die Patienten besonders lukrativ, die sich für eine geplante und geordnete psychotherapeutische Behandlung eignen und darüber hinaus einen geringen Betreuungsaufwand benötigen (s. auch Abschn. 9.2). Bezogen auf die im Modell gebildeten Fallgruppen wären für eine psychotherapeutische Behandlung die Fallgruppe 5 und die Fallgruppe 6 besonders geeignet, auch wenn davon auszugehen ist, dass nicht jeder Patient aus diesen Fallgruppen für eine strukturierte Psychotherapie geeignet ist.

Zusammenfassend lässt sich die Hypothese bestätigen. Aufgrund verschiedener „lukrativerer" Patientengruppen entstehen Selektionsanreize. Neben Patientengruppen, die sich für eine kurze Verweildauer eignen (s. Abschn. 9.1), sind solche interessant, die sich für gut planbare psychotherapeutische Behandlungen eignen und darüber hinaus einen geringen Betreuungsaufwand benötigen (siehe Abschn. 9.2).

9.4   Hypothese 4: Besonders kranke oder „schwierige" Patienten werden in der Vergütungsstruktur inadäquat abgebildet

In der Analyse der Fallgruppen bildet die Sonderfallgruppe 7 am ehesten ein besonders „schwieriges" Patientenkollektiv ab. Obwohl die Fälle aus dieser Gruppe eine ähnliche PEPP-Struktur zeigen wie das Gesamtkollektiv (vgl. Abschn. 7.1 und 7.8; Signifikanz der Unabhängigkeit mit dem exaktem Test nach Fisher 0,208, damit nicht signifikant), eine etwas kürzere durchschnittliche Verweildauer haben (8,59 statt 9,10) und etwas höhere Erlöse für eT generieren, so liegt doch der durchschnittliche Erlös pro Behandlungstag 3,27 % unter dem des Gesamtkollektivs. Dabei werden die eigentlichen PEPP-Erlöse durch die Fallzusammenführungsregelung im Durchschnitt um 7,81 % verringert (vgl. Abschn. 7.1 und 7.8). Eigentlich weisen die höheren ergänzenden Tagesentgelte pro Fall und Behandlungstag sowie der signifikante Unterschied der Notaufnahmequote (54,33 % bei den Fällen, die Teil einer Fallzusammenführung sind, im Gegensatz 35,06 % bei den Fällen, die dies nicht sind, Signifikanz < 0,01 %) auf einen höheren Aufwand und vor allem höhere Vorhaltekosten hin.

Eine andere Gruppe von Patienten, die im System bislang unzureichend abgebildet zu werden scheint, sind die, die einen hohen sozialen Klärungsbedarf haben und sich nicht für psychotherapeutische Behandlungen eignen. Diese Patientengruppe wird im Modell in der Fallgruppe 4 abgebildet. Den analysierten Daten nach liegen die Erlöse dieser Fallgruppe zwar über denen der Fallgruppen 5 und 6, was aber an der kürzeren Verweildauer liegt. Für die Fallgruppen 5 und 6 könnte die PEPP-Struktur durch eine höhere Quote an qualifizierten Entzugsbehandlungen und psychotherapeutischer Behandlungen deutlich aufgewertet werden. Die Fallgruppe 4 hat dieses Potential nicht, da in der Erlösstruktur bisher kein sozialarbeiterischer Aufwand berücksichtigt wird.

Insgesamt kann man die Hypothese bestätigen, da die negativen Auswirkungen auf die Erlöse durch Fallzusammenführungen vor allem bei besonders schweren Fällen zum Tragen kommen und der Aufwand bei komplexem sozialem Klärungsbedarf nicht im System abgebildet wird.

9.5 Hypothese 5: Durch die verschiedenen Abrechnungssysteme für die somatischen und psychiatrischen Kliniken werden Anreize zur gezielten Verteilung/Verlegung zwischen diesen geschaffen

Bereits in dem Vergleich der Erlöse des PEPP-Systems mit denen des G-DRG-Systems im Abschn. 2.3 konnte gezeigt werden, dass eine kürzere Verweildauer, insbesondere im Bereich der unteren Grenzverweildauer des G-DRG-Systems, mit den Fallpauschalen besser vergütet werden. Längere Behandlungen, insbesondere im Bereich der oberen Grenzverweildauer, führen dagegen zu Mehrerlösen im PEPP-System.

Ein weiterer Anreiz zur gezielten Verteilung sind die Fallzusammenführungen, die es nicht zwischen den Systemen gibt. So kann ein Patient erst auf einer internistischen Station entgiftet werden, um dann bei seiner nächsten Vorstellung vor Ablauf von 21 Tagen eine psychiatrische Entgiftung zu erhalten. Dabei kann die abwechselnde Aufnahme oft schon ausreichen, um keine Fallzusammenführungen in diesem Bereich zu haben.

Darüber hinaus konnte in den durchgeführten Simulationen deutlich gezeigt werden, dass durch gezielte Verlegungen zwischen einer somatischen und einer psychiatrischen Abteilung erhebliche Mehrerlöse erreicht werden könnten. Eine Erlössteigerung von bis zu 16,60 % wäre hierdurch möglich, ohne dass es zu einer Veränderung der Therapiedauer oder der benötigten Behandlungsplätze kommt (s. Abschn. 8.7).

Insgesamt lässt sich diese Hypothese bestätigen, da die Unterschiede zwischen den Fallpauschalen und den PEPP-System, die Regelung der Fallzusammenführungen und die Erlösdegression im PEPP-System Anreize hierfür schaffen.

Literatur

1. DIMDI (2014) Behandlung bei psychischen und psychosomatischen Störungen und Verhaltensstörungen bei Erwachsenen (9-60...9-64). https://www.dimdi.de/static/de/klassi/ops/kodesuche/
   onlinefassungen/opshtml2015/block-9-60...9-64.htm. Zugegriffen: 15. Mai 2015
2. Statistisches Bundesamt (2015) Krankenstand. https://www.destatis.de/DE/ZahlenFakten/
   Indikatoren/QualitaetArbeit/Dimension2/2_3_Krankenstand.html. Zugegriffen: 4. Juli 2015
3. PEPP-Entgeltkatalog – Version 2015 (2014) InEK. S 3–5

Diskussion

10

Zusammenfassung

Es finden sich im PEPP-System zahlreiche Anreize, die mittel- und langfristig Veränderungen der Behandlung psychischer Krankheiten nach sich ziehen werden. Inwieweit diese Anreize erwünscht sind und in zukünftigen Versionen des PEPP-Systems erhalten bleiben, wird die Zukunft zeigen. Im aktuellen PEPP-System scheinen hoch strukturierte psychotherapeutische Behandlungsangebote für wenig betreuungsintensive Patienten geeignet zu sein, positive Deckungsbeiträge zu erwirtschaften. Dagegen wird der Aufwand von besonders komplexen Fällen, die zu Fallzusammenführungen führen, nicht adäquat abgebildet. Neben den Auswirkungen auf die Behandlungsroutinen und das angebotene Therapieprogramm sind Veränderungen auf die stationäre Versorgungsstruktur zu erwarten.

10.1 Potentielle mittelfristige Auswirkungen des PEPP-Systems auf die stationäre psychiatrische Patientenversorgung

Jede Veränderung der Erlösstruktur führt zwangsläufig zu bestimmten Anreizen, die sich, bezogen auf die Krankenhausstrukturen, auch auf die Patientenversorgung auswirken. Während einige Anreize anhand der Hypothesen dargestellt wurden, kann man die weitergehenden Auswirkungen der Systemumstellung nur erahnen.

Sobald schrittweise der einheitliche Basisentgeltwert eingeführt wird, wird für viele Kliniken ein erheblicher wirtschaftlicher Druck aufgebaut, wenn die Erlöse jährlich reduziert werden. Aufgrund der durch die Landeskrankenhausplanung festgelegten Bettenzahlen müssen entweder die Erlöse pro Behandlungstag erhöht oder aber die Ausgaben pro Behandlungstag reduziert werden.

Es konnte gezeigt werden, dass zum einen durch eine Verkürzung der Verweildauern höhere Erlöse pro Behandlungstag erreicht werden können. Dies wird längerfristig

© Springer Fachmedien Wiesbaden 2016
H. Horter et al., *Systemimmanente Anreize im Pauschalierenden Entgeltsystem Psychiatrie und Psychosomatik (PEPP)*, Controlling im Krankenhaus, DOI 10.1007/978-3-658-12658-2_10

eine Verkürzung der durchschnittlichen Verweildauer nach sich ziehen, solange die Kliniken es schaffen hierfür mehr Fälle zu generieren. Dieser Effekt ist aber viel geringer als im G-DRG-System. So führt in den Simulationen eine Behandlungsverkürzung um durchschnittlich 16,1 % (von 9,10 Behandlungstage auf 7,64), zu Mehrerlösen pro Behandlungstag von 1,9 %, während zwischen unterer und oberer Grenzverweildauer der Erlös der Fallpauschalen unabhängig von der Verweildauer ist. Diese Erlössteigerungen müssten zwar verhandelt werden, die Aussichten auf Erfolg wären wahrscheinlich aber nicht schlecht, wenn das Budget der Klinik durch den sinkenden Basisfallwert sinkt. Kann man hingegen nicht durch die Behandlungsverkürzung mehr Fälle generieren und müsste stattdessen Kapazitäten einsparen, so wäre es aufgrund der Skaleneffekte fraglich, ob die hierdurch abbaubaren Kosten die entstehenden Mindererlöse ausgleichen könnten. Gerade bei kleinen Kliniken, bei denen die Vorhaltekosten für die Notfallversorgung über eine ohnehin geringere Fallzahl mitfinanziert werden muss, ist eine Behandlungsverkürzung zum Zweck des Bettenabbaus nicht wirtschaftlich.

Eine andere Möglichkeit die Erlöse pro Behandlungstag zu erhöhen ist, mehr Patienten mit einem psychotherapeutischen Schwerpunkt zu behandeln und damit mehr als 6 Therapieeinheiten pro Woche zu erreichen. Dabei spielt es für die Vergütung keine Rolle, ob dies dem Patienten nutzt oder nicht. Da einige Patienten aus dem betrachteten Kollektiv an solch einer Behandlung nicht (konstruktiv) teilnehmen können oder vielleicht auch gar nicht wollen, könnten „Zwangspsychotherapien" die Folge sein, bei denen die Patienten an einem stark strukturierten Therapieprogramm teilnehmen müssen oder Sanktionen drohen. Bei längeren Behandlungen von Patienten, die sonst in die PEPP PA02D fallen, können hierdurch Mehrerlöse von bis zu 10,39 % erreicht werden. Die Auswirkungen auf die Gesamterlöse wären aber deutlich geringer. In den simulierten Szenarien mit einer höheren Psychotherapiequote bei den Fallgruppen 5 und 6 konnten die Erlöse um 1,37 % erhöht werden. In Verhandlungen könnte dies durch eine Verbesserung der Behandlungsqualität begründet werden. Es wäre umgekehrt sogar schwierig zu vertreten, wieso psychiatrische Kliniken die Versorgungsqualität ihrer Therapieprogramme nicht verbessern dürfen, nur weil dies zu Mehrerlösen führen würde.

Eine weitere Möglichkeit, die Erlöse zu erhöhen wäre es, mehr 1:1 Begleitungen durchzuführen. Dabei können die Erlöse zusätzlicher Begleitungen nicht die Kosten des hierfür eingesetzten Personals decken. Finanziell lohnen würde sich hingegen die Dauer der ohnehin notwendigen 1:1 Begleitungen ggf. auf die nächste erlösrelevante Stufe zu verlängern oder aber Personal, welches ohnehin im Dienst ist, in ruhigeren Phasen für nicht zwingend indizierte 1:1 Betreuungen einzuteilen. Solche Maßnahmen sind global betrachtet nicht zielführend und führen zu einer unnötigen Arbeitsverdichtung sowie zu einer Verteuerung des Gesundheitssystems.

Etwas anders sieht es mit der Kodierung der Intensivmerkmale aus. Diese sind aktuell nicht an konkrete Behandlungsmaßnahmen gekoppelt und weisen einen gewissen Auslegungsspielraum auf. Durch die Vergütung aus eT wird hier ein Anreiz zu einer niederschwelligen Kodierung geschaffen. Eine gezielte Erhöhung der realen Intensivmerkmale eines Patienten würde in die Richtung einer gezielten Fehlbehandlung gehen und erscheint abwegig.

Da außerhalb der ergänzenden Tagesentgelte verschiedene, für eine höhere PEPP-Einstufung qualifizierende Merkmale nicht kumulativ sind, lohnen sich intensive (psychotherapeutische) Behandlungen vor allem bei sonst wenig betreuungsintensiven Patienten. Für einen opiatabhängigen Patienten bekommt man die gleichen Erlöse, unabhängig davon, ob er eine psychotherapeutische Behandlung bekommt oder nicht. Hieraus resultiert der Anreiz, eher die weniger schwer kranken Patienten intensiver zu behandeln, was sicherlich ein Fehlanreiz ist.

Aufgrund der Überschneidung des PEPP und G-DRG-Systems bei der Behandlung von Alkoholabhängigkeiten entsteht hier für Abteilungspsychiatrien ein Spielraum für die strategische Steuerung der Patienten. Für eine umfassende Beurteilung müssen neben den Erlösen auch die Kostenstrukturen der verschiedenen Abteilungen, deren Auslastungsgrad und die „Klinikkultur" berücksichtigt werden. Dabei können bereits durch die wechselnde Aufnahme zwischen internistischen und psychiatrischen Abteilunge die Abschläge für Fallzusammenführungen deutlich reduziert werden. Kürzere Behandlungen bringen im G-DRG eher höhere Erlöse. Bei längeren Behandlungen lohnt es sich, die Patienten nach einer Aufnahme auf einer internistischen Station im weiteren Verlauf in die Psychiatrie zu verlegen.

Wenn eine Erhöhung der Erlöse nicht möglich ist, müssen die Kosten reduziert werden. Da ca. 80 % der Kosten in der Psychiatrie Personalkosten sind [2], ist hier das größte Einsparungspotential. Gleichzeitig besteht bei Einsparungen in diesem Bereich eine besondere Gefahr für die Versorgungsqualität. Bereits jetzt wird der durch die Psych-PV vorgegebene Personalschlüssel in vielen Kliniken nicht eingehalten, 2012 lag der ungefähre Erfüllungsgrad bei 90 % [3].

Dabei kann man versuchen, die durchschnittliche Qualifikation einzuschränken, um damit die Kosten pro Vollkraft zu reduzieren oder aber man reduziert die Menge des eingesetzten Personals. Durch das OPS-System gibt es jedoch viele Einschränkungen, da hier für viele Prozeduren die Qualifikation und sogar die Entlohnung des Personals festgelegt werden. So können 1:1 Betreuungen gemäß dem OPS-Kode 9-640 z. B. nicht durch Krankenpflegeschüler oder studentische Hilfskräfte durchgeführt werden und erlösrelevante psychotherapeutische Behandlungen müssen durch einen Arzt oder Psychologen erbracht werden, der entsprechend dieser Qualifikation bezahlt wird [1].

Durch die lukrative Vergütung der Psychotherapie und den hohen Stellenwert von Ärzten bei der Erfassung weiterer abrechnungsrelevanter Merkmale (u. a. Nebendiagnosen etc.) bei gleichzeitig fehlender Vergütung für pflegerische- und spezialtherapeutische Interventionen (Ausnahme 1:1 Begleitungen), werden wahrscheinlich bevorzugt im pflegerischen und spezialtherapeutischen Bereich Stellen eingespart werden. Neben einem minimalistischen Therapieprogramm könnte dies zu einem gefährlichen Balanceakt der pflegerischen Versorgung am Rande des (verantwortbaren) Minimums führen, vor allem, falls es keinen Ersatz für die auslaufende Psych-PV geben sollte.

Im psychotherapeutischen Bereich könnten die Kliniken versuchen, bevorzugt Psychologen in psychotherapeutischer Ausbildung einzusetzen, statt ausgebildeter Psychotherapeuten. Dabei müssen diese aber gemäß OPS zur Anerkennung der Leistung entsprechend ihrem Grundberuf z. B. als Diplom-Psychologe bezahlt werden. Die zum Teil deutlich darunter liegenden Vergütungen der Psychotherapeuten in Ausbildung als Auszubildende dürften diesen Ansprüchen nicht genügen [1].

Durch die sich im System herausbildenden attraktiveren Patientengruppen werden Anreize zur gezielten Selektion geschaffen. Dabei eignen sich Wartezeiten, strikte Terminvorgaben, eine Sperre nach Notfallbehandlungen und bei den Alkoholabhängigen ein maximaler Alkoholspiegel bei der Aufnahme. Akute Patienten würden die Wartezeit nicht überstehen, Patienten mit einer zu geringen Therapiecompliance den Termin nicht pünktlich wahrnehmen oder zu stark alkoholisiert erscheinen. Hierdurch kann ein Behandlungsprogramm mit geringeren Abbruchraten, einer höheren Teilnahmequote am Therapieprogramm, weniger Vorhaltekosten für Intensivbetreuungen und, bei einer funktionierenden Warteliste, hoher Planbarkeit der Bettenauslastung entstehen, während die Behandlung besonders schwer kranker Patienten vernachlässigt wird.

10.2 Potentielle langfristige Auswirkungen des PEPP-Systems auf die stationäre psychiatrische Versorgungsstruktur

Durch die Einführung eines einheitlichen Basisentgeltwertes können lokale Besonderheiten und die Mehrkosten, die bei dem Betrieb von kleineren Kliniken entstehen, nicht mehr ausgeglichen werden. Die im System unzureichend dargestellten (Vorhalte-)Kosten, insbesondere für Patienten mit hohem Betreuungsaufwand, schaffen dabei einen verstärkten Wachstumsanreiz, um Skaleneffekte zu nutzen. Diesem Anreiz stehen die durch die Landeskrankenhausplanung begrenzten Bettenkapazitäten der Kliniken entgegen und die definierten Versorgungsgebiete.

Auch wenn in der Anfangszeit des PEPP-Systems durch eine Anpassung der Strukturen, zum Beispiel durch einen Ausbau stationärer Psychotherapie, die Erlöse erhöht werden können, so ist dieser Effekt nicht längerfristig aufrecht zu erhalten. Es ist anzunehmen, dass gerade in der Umstellungsphase darauf geachtet wird, dass das Psychiatriebudget weitgehend konstant bleibt und lediglich durch Faktoren wie Lohnsteigerungen oder die Inflationsrate angepasst wird. Hierfür ist die Kalkulation in Relativgewichten orientiert an einem Durchschnittsfall gut geeignet. So würde z. B. ein Ausbau der stationären Psychotherapie nur kurzfristig zu Mehrerlösen führen, zusammen mit einer Steigerung des durchschnittlichen Aufwands. Längerfristig würde aber dieser neue durchschnittliche Aufwand zur Kalkulationsgrundlage, was mit einer Verzögerung von 2 Jahren zu einer Veränderung des der Kalkulation zugrunde liegenden Durchschnittsfalls führen würde, der ein Relativgewicht von 1,0 hat. Die Folge wäre entweder eine Abwertung der zusätzlichen Erlöse für stationäre Psychotherapie oder aber steigende Anforderungen, um hierfür Mehrerlöse abrechnen zu können (z. B. mindestens 10 Psychotherapieeinheiten pro Woche). Die Folgen wären eine weitere Verschärfung des Verhältnisses von Kosten bzw. Aufwand zu den Erlösen und damit eine weitere Steigerung des wirtschaftlichen Drucks.

Durch den zunehmenden wirtschaftlichen Druck ist zu erwarten, dass einige vor allem kleinere psychiatrische Akutkliniken Schwierigkeiten haben, solvent zu bleiben.

Strategien zum Überleben könnten neben Fusionen kleinerer Kliniken zu größeren Zentren die enge Kooperation von kleineren Kliniken mit den größeren Nachbarkliniken sein. Beim letzten Modell könnten Behandlungsplätze für Akutpatienten an die größeren Kliniken abgegeben werden, während vor Ort Behandlungsplätze für subakute Patienten oder leichtere Notfälle vorgehalten werden, die durch die geringeren Vorhaltekosten und die gute Finanzierung von stationärer Psychotherapie wahrscheinlich auch in kleineren Organisationseinheiten kostendeckend angeboten werden könnten. Beide Varianten würden das aufgebaute Netz der gemeindenahen psychiatrischen Versorgung schwächen.

Kliniken, die keine Möglichkeiten finden sich anzupassen, werden teilweise schließen müssen. Bezogen auf die Versorgung von Alkoholabhängigen könnte dies dazu führen, dass die Akutversorgung durch internistische Abteilungen übernommen wird, während komplexere und weitergehende Behandlungsangebote durch die umliegenden psychiatrischen Kliniken, Tageskliniken oder Rehabilitationskliniken abgedeckt werden müssten. Bezogen auf die im Modell abgebildeten Fallgruppen könnten die Fallgruppen 1 und 2 in diesem Szenario noch relativ gut versorgt werden. Die komorbiden Suchterkrankungen der Fallgruppe 3 werden auf einer typischen internistischen Station nicht angemessen berücksichtigt werden können. Die Verweildauer der Fallgruppe 4 ist im G-DRG-System unlukrativ. Auch kann dort die nötige Motivationsarbeit am Patienten, um diesen zum Beispiel zu einem Wechsel der Wohnform zu bewegen, in der Regel nicht erbracht werden. Anzunehmen ist, dass diese Patienten lediglich eine Entgiftung erhalten. Patienten aus der Fallgruppe 5 müssten nach der Entgiftung zur Behandlung der komorbiden weiteren psychischen Erkrankung in eine psychiatrische Klinik verlegt werden, wobei es oft zu Wartezeiten oder Verzögerungen kommen könnte, die einige Patienten in ihrer eigenen Wohnung nicht abstinent durchstehen können. Auch die Patienten der Fallgruppe 6 würden zu deutlichen Teilen unterversorgt werden, da sie oft einen festeren Rahmen benötigen als eine Tagesklinik oder Rehabilitationsklinik bieten kann. Die Versorgung anderer akuter psychischer Erkrankungen kann nicht von den somatischen Kliniken übernommen werden.

Sobald psychiatrische Kliniken schließen müssen, beginnt die Frage, was mit den frei werdenden Betten aus dem Landesbettenplan geschieht. Eine verstärkte lokale Konkurrenz zwischen den umliegenden Kliniken könnte die Folge sein, die versuchen ihr Einzugsgebiet und die Zahl ihrer Behandlungsplätze zu vergrößern, um stärker von den Skaleneffekten zu profitieren.

Langfristig könnte die Folge eine Zentralisierung der psychiatrischen Akutversorgung sein, während sich außerhalb der Ballungszentren nur ambulante, teilstationäre oder elektive stationäre Behandlungsangebote finden. Die Erfolge der gemeindepsychiatrischen Bewegung würden sich damit schrittweise auflösen.

10.3   Ableitbare Kritikpunkte am PEPP-System

Das PEPP-System soll unter anderem einen höheren Leistungsbezug in der Vergütung bringen, den Wettbewerb fördern, die Ausgaben stabilisieren und die Qualität verbessern. Um dies zu erreichen sollen globale Kostentrenner Verwendung finden im Gegensatz zu Individualkosten [4].

Diese Ziele stellen bereits auf theoretischer Ebene ein erhebliches Problem dar. Sobald die Erlöse variabel sind und sich ein wirtschaftlicher Druck aufbaut, entsteht ein Anreiz, die Maßnahmen zusätzlich durchzuführen, für die sich ein positiver Deckungsbeitrag erzielen lässt. Die erwartete Folge wären höhere Behandlungskosten. Umgekehrt wird der Anreiz geschaffen, zunächst die Maßnahmen einzusparen, die keine zusätzlichen Erlöse generieren, also am besten die, die sich nicht als Kostentrenner identifizieren ließen. Bei ca. 80 % Personalkosten an den Gesamtkosten handelt es sich hier vor allem um personalintensive Maßnahmen [2]. Hierfür prädestiniert sind die Dinge, die eigentlich überall vorhanden sind, weil sie für die Behandlung essentiell sind und somit keine Kostentrenner darstellen. Zum Beispiel die pflegerische Versorgung. Die Folgen sind zum einen eine geringere Qualität, auch werden hierdurch pflegeintensive Patienten für die Kliniken unlukrativ.

Dass es im aktuellen PEPP-System solche Probleme gibt, konnte anhand der durchgeführten Analysen gezeigt werden.

So wird gegenwärtig die stationäre Psychotherapie relativ gut vergütet, sodass diese mehr als nur kostendeckend angeboten werden kann. Sollten alle Kliniken sich dies zu Nutze machen, wäre die Folge eine Kostensteigerung.

Dagegen scheinen die (Vorhalte-)Kosten für intensiv betreuungsbedürftige Patienten, zumindest im analysierten Patientenkollektiv, nicht ausreichend abgedeckt zu werden. Dazu kommt, dass pflegerische und spezialtherapeutische Behandlungsangebote nur über die Grundpauschalen erfasst werden und somit hier ein besonderes Einsparpotential entsteht, vor allem wenn es für die Psych-PV keinen adäquaten Ersatz geben sollte.

Ein weiteres Problem stellen die zum Teil völlig verschiedenen, aber dennoch gleich gestellten Kriterien für eine PEPP-Kategorie dar. So finden sich in den Kriterien konkrete körperliche Erkrankungen, die als Indikatoren für einen hohen medizinischen Versorgungsaufwand stehen können, neben Indikatoren eines hohen Pflegeaufwandes und Indikatoren für eine hohe psychiatrisch psychotherapeutische Behandlungsintensität. Ein alkoholabhängiger Patient kann als PA02B eingestuft werden wegen einer komorbiden Opiatabhängigkeit, einer Schwangerschaft, einer schweren Sehbehinderung oder aber weil er eine intensive Psychotherapie erhält [5]. Der Erlös ist auch der gleiche, wenn der Patient alle 4 Punkte erfüllt. Die Folge ist, dass eine Psychotherapie bei einer Opiat- und Alkoholabhängigkeit oder bei einer schweren Sehbehinderung nicht erlösrelevant ist. Insgesamt lohnt sich das Angebot einer intensiven stationären Psychotherapie umso mehr, je geringer anderenfalls die PEPP-Einstufung wäre. Etwas überzeichnet formuliert: „Das Angebot von Psychotherapie lohnt sich vor allem bei den gesünderen Patienten."

Generell bergen stark leistungsorientierte Vergütungen für einzelne Maßnahmen den Anreiz, die Auslastung mit genau diesen Tätigkeiten zu maximieren, ob dies aktuell sinnvoll ist oder nicht. So lohnt es sich für die Klinik mehr, wenn der Stationspsychologe von einem geplanten Psychotherapietermin zum nächsten wechselt, als wenn er zwischendurch Zeit hat, um kurze Krisengespräche zu führen, die bei einer Dauer von unter 25 Minuten nicht erfasst werden.

Dies führt zu einem weiteren Problem. Die 25 Minuteneinheiten für eine Psychotherapieeinheit kommen nicht aus der akutpsychiatrischen Versorgung und sind bei einigen schwer kranken Patienten nicht umzusetzen. Ein Patient, der nur 15 Minuten lange Gesprächskontakte am Stück durchhält und keine genauen Zeitvorgaben einhalten kann, aber dennoch einen Gesprächsbedarf hat, geht im System unter. Wenn man ihn gut versorgt, verursacht dieser Patient mehr Aufwand als der Standardpsychotherapiepatient. Dies wird aber nicht vergütet.

Auch wenn die Vergütung von psychotherapeutischen Behandlungen für ein ausgewähltes Patientenkollektiv zu einer Qualitätsverbesserung führen kann, so zählt für die Abrechnung nur die Durchführung der Maßnahme, nicht die stimmige Einbindung in das Therapiekonzept und auch nicht der Grad der Qualifikation des Therapeuten. So entstehen Anreize für qualitativ fragwürdige Therapieprogramme, die durch minimal qualifizierte Therapeuten angeboten werden.

Wenn man die konkreten Mehrerlöse für die einzelnen Maßnahmen bei verschiedenen Patientengruppen vergleicht, kommt man auf Unterschiede, die vielleicht durch bestimmte Berechnungen erstellt wurden, aber sonst keinen Sinn machen. Durch die Durchführung einer stationären psychotherapeutischen Behandlung über z. B. 4 Wochen, kann man bei einem alkoholabhängigen Patienten zusätzliche Erlöse von 0,0977 Relativgewichten oder 24,42 € pro Behandlungstag erwirtschaften (bei einem Basisentgeltwert von 250 €). Die gleiche Maßnahme bei einem sonst unkomplizierten Depressionspatienten bringt pro Tag zusätzliche 0,1752 Relativgewichte oder 43,80 € pro Behandlungstag, das sind 79,4 % mehr. Gemäß der Rechnungen unter Abschn. 9.2 kann man diese Maßnahme bereits mit den 0,0977 Relativgewichten pro Tag mehr als nur kostendeckend anbieten, ohne die zusätzlichen 0,0775 Relativgewichte (19,38 €) pro Tag. Dies deutet darauf hin, dass die psychotherapeutischen Maßnahmen einen Indikator für weitere Kosten darstellen sollen, mutmaßlich für ein aufwendiges Gesamttherapieprogramm. Bei Budgetrelevanz des PEPP-Systems und einem wirtschaftlichen Druck die (Therapie-)Kosten zu senken, ist aber davon auszugehen, dass sich das Gleichgewicht zwischen psychotherapeutischen und anderen Therapien zu Gunsten der Psychotherapien verschiebt.

Viele Maßnahmen, die bisher nicht erlösrelevant sind, sind im OPS-System kodierbar. Neben pflegerischen und spezialtherapeutischen Maßnahmen können auch sozialarbeiterische Tätigkeiten abgedeckt werden. Dabei ist das System jetzt schon sehr komplex und macht zusätzlichen Aufwand, wenn man auch nur die abrechnungsrelevanten Parameter vollständig erfassen möchte. Wenn es für alle Berufsgruppen abrechnungsrelevante Codes gäbe, wäre das System deutlich komplexer und es müsste die Erfassung all dieser Maßnahmen organisiert werden. Wenn die Berufsgruppen dies alle selbst tun sollen, wäre die

(jährliche) Schulung des gesamten Personals notwendig und es müsste eine entsprechende Bereitschaft da sein, dies auch konsequent zu tun. Bei den in vielen Krankenhäusern
vorherrschenden (EDV-)Strukturen ist dies mit einer Mehrfachdokumentation und einem
Mehraufwand verbunden. Dabei sollte jeder Code, der mit zusätzlichen Erlösen verbunden ist, so gut dokumentiert sein, dass dies bei einer MDK-Überprüfung nicht in Zweifel
gezogen werden kann. Die Folge ist, dass abhängig von der Komplexität des Systems,
ein zusätzlicher Aufwand auf Seiten der Leistungserbringer und der Versicherungsträger
entsteht, der letztendlich mitfinanziert werden muss.

Die bestehenden OPS-Codes schreiben für viele Maßnahmen sowohl die Qualifikation des Personals, als auch dessen Vergütung vor [1]. Dies kann der Qualitätssicherung
dienen, verhindert aber auch innovative Therapiekonzepte. So führt z. B. das u. a. in der
psychiatrischen Klinik des EvKB übliche Primary-Nursing-Konzept zu einem höheren
Stellenwert der Pflegemitarbeiter in der Therapie der Patienten, ohne dass dieser pflegerische Mehraufwand im PEPP-System abgebildet werden kann. Das aktuelle System fördert
vielmehr die alleinige Behandlung der Patienten durch Ärzte und Psychologen.

Zu wenig konkret sind hingegen die Beschreibungen der Intensivmerkmale und der
daraus abzuleitenden Maßnahmen. Aktuell besteht ein großer Dokumentationsspielraum.
Spätestens wenn der MDK die Begründung dieser Merkmale systematisch unter die Lupe
nimmt, um die Ausgaben zu reduzieren, wird dies weiter ins Interesse rücken.

Die Regelung der Fallzusammenführungen führt zu einer im System benachteiligten
Patientengruppe. Dabei können häufige Notfallaufnahmen, oft nach zuvor erfolgten Entlassungen gegen ärztlichen Rat, Folge einer entsprechenden Schwere der psychischen
Erkrankung(en) des Patienten sein und müssen nicht das Resultat einer mangelhaften Behandlung sein. Berücksichtigt wird dabei nicht, ob die Aufnahmen freiwillig erfolgen oder
mit einer richterlich angeordneten Unterbringung nach Psych-KG oder BGB.

Umgekehrt müssen Maßnahmen getroffen werden, damit vorzeitige Entlassungen und
daraus resultierende schnelle Wiederaufnahmen nicht zu einer Erhöhung der Erlöse führen.

Bei näherer Betrachtung der Erlösdegression fällt auf, dass durch die Wirkung auf alle
vorangegangenen Behandlungstage der zusätzliche Erlös pro zusätzlichen Behandlungstag bei dem Erreichen des Endes der Degression zunimmt. Dies führt zu einer Benachteiligung einer mittellangen Verweildauer. In der Abb. 10.1 markiert die horizontale graue
Linie den Erlös pro zusätzlichem Tag nach dem Erreichen des Endes der Erlösdegression.
Das Dreieck, das mit dieser Linie gebildet wird markiert diese „Erlössenke" [6].

Insgesamt zeigen sich im PEPP-System noch einige Probleme. Inwieweit dies „Kin-
derkrankheiten" sind, die sich mit der weiteren Entwicklung des Systems auswachsen
oder ob diese bestehen bleiben, wird die Zukunft zeigen. Jede Veränderung des PEPP-
Systems und der zugehörigen OPS-Kodes muss jedoch kritisch analysiert werden, da vor
allem die (ausgewählten) Kostentrenner und die genauen Kriterien der OPS-Kodes einen
erheblichen Einfluss auf die systemimmanenten Anreize haben.

Abb. 10.1 Zusätzlicher Erlös für den letzten Behandlungstag am Beispiel der PEPP PA02D. (Eigene Darstellung)

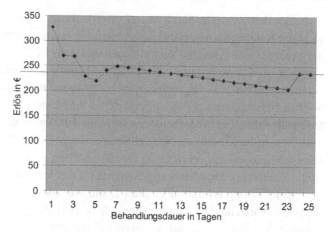

10.4 Verbesserungsanregungen für das PEPP-System

Aufgrund der Debatte um die Einbeziehung von Qualitätsfaktoren bei der Bezahlung von stationär erbrachten medizinischen Leistungen, wäre es eigentlich zu wünschen gewesen, dass diese beim PEPP-System von Anfang an einbezogen werden. Die Vergütung für stationäre psychotherapeutische Behandlungen könnte man als einen Schritt in diese Richtung interpretieren. Eigentlich soll es sich hierbei jedoch nur um einen identifizierten Kostentrenner handeln.

Eine Grundlage für den Personalschlüssel als Element der Strukturqualität, gibt es aktuell noch durch die Psych-PV, wodurch diese ersetzt wird, ist bisher noch unklar.

Um die Strukturqualität im PEPP-System abzubilden, könnte man einen Standardstellenschlüssel definieren, möglicherweise angelehnt an die noch bestehende Psych-PV, besser wäre jedoch eine aktuelle Erhebung. Abhängig von dem Erfüllungsgrad dieses Schlüssels könnten sich hieraus Auf- oder Abschläge für die PEPP-Erlöse ableiten.

Für die Einbeziehung der Ergebnisqualität müssten allgemein akzeptierte Indikatoren gefunden werden, was ein grundlegendes Problem darstellt.

Aufgrund der verschiedenen Interessensgruppen und dem Ziel, die Ausgaben für die psychiatrische Versorgung nicht ansteigen zu lassen, ist es jedoch schwierig, Qualitätsfaktoren in die Erlösstruktur einzubeziehen. Entweder man würde die Qualität relativ messen oder zumindest relativ vergüten. Dies würde nur zu einer Verschiebung des Budgets führen und wahrscheinlich vor allem kleinere Kliniken zusätzlich belasten. Eine andere Möglichkeit wäre mit einem absoluten Messverfahren zu arbeiten und die Ausschüttung unabhängig von der Leistung der anderen machen. Dies würde aber bedeuten, dass die Ausgaben ansteigen könnten. So oder so kann der gezielte Einsatz von Qualitätsfaktoren den Wettbewerb unter den Kliniken beleben und einer Minimalmedizin entgegenwirken.

Außer den wenigen, durch die eT abgedeckten, intensiveren Betreuungsmaßnahmen und dem Katalog für besonders kostenintensive medizinische Einzelleistungen, leitet sich der gesamte Erlös aus der Verweildauer und dem PEPP-Kode ab. Dabei können beliebig viele Merkmale für eine höhere PEPP-Einstufung vorliegen, die nicht kumulativ sind (s. auch Abschn. 9.3). Hierunter fallen unter anderem Indikatoren für somatisch-medizinischen Behandlungsaufwand, pflegerischen Aufwand und psychiatrischen Behandlungsaufwand. Zusätzlich wünschenswert wäre die Erfassung von Indikatoren für sozialarbeiterischen Aufwand und das spezialtherapeutische Behandlungsangebot. Um diesen verschiedenen Bereichen gerecht zu werden, sollten diese auch unabhängig voneinander in die Erlöskalkulation einbezogen werden. Dies kann auf verschiedenen Wegen erfolgen. Ein Einstieg erfolgte über die eT, die vor allem einen hohen Betreuungsaufwand abbilden. Vorstellbare Erweiterungen wären zum Beispiel eT für die psychotherapeutischen Behandlungen (anstatt der Berücksichtigung in der PEPP-Einstufung) oder einem hohen körperlichen Pflegeaufwand (z. B. analog zu einer Pflegestufe). Eine Alternative für die Erweiterung des eT-Systems wäre eine mehrdimensionale Aufwandserfassung im PEPP-Kode. Mit einem verlängerten PEPP-Kode mit z. B. zwei unabhängigen Zeichen könnten Behandlungs- und Betreuungsaufwand unabhängig voneinander berücksichtigt werden. Ob auf diesem oder einem anderen Weg, die Berücksichtigung dieser Leistungen ist wichtig, um den aktuellen (Fehl-)Anreiz bei diesen Berufsgruppen Einsparungen vorzunehmen, einzuschränken. Das Zusammenwirken der verschiedenen Berufsgruppen ist essentiell für eine gute psychiatrische Behandlung.

Gerade bei sehr kurzer Verweildauer spielt die Aufnahmezeit eine große Rolle. So werden für einen Patienten, der an Tag 1 um 22 Uhr kommt und an Tag 2 um 8 Uhr geht 2 Tage berechnet, kommt dieser 4 h später (2 Uhr nachts) und geht erst um 12 Uhr wird für die gleiche Verweildauer in Stunden nur 1 Tag abgerechnet. Gerade mit der elektronischen Erfassung der Aufnahmedaten wäre es kein großes Problem bei sehr kurzen Behandlungszeiten (z. B. unter 48 h) in kürzeren Intervallen zu rechnen, zum Beispiel in 12 h-Intervallen.

Die Benachteiligung bei der Behandlung schwer kranker Patienten durch die Regelung der Fallzusammenführungen ist schwer zu beheben. Ein denkbarer Ansatz wäre es, den Entlassungs- und Aufnahmestatus einzubeziehen. So macht es einen erheblichen Unterschied, ob ein Patient auf Anraten des Arztes die Behandlung verlässt oder gegen ärztlichen Rat und ob der Patient geplant wieder aufgenommen wird, als Notfall, mit Einweisung oder mit einem Unterbringungsbeschluss.

10.5 Beurteilung der verwendeten Methodik

Im Rahmen des Buches ist es gelungen ein Modell der Behandlung von Alkoholabhängigkeiten zur Analyse der Erlösstruktur des PEPP-Systems zu erstellen. Anhand der erstellten Fallgruppen konnten alle gültigen 1352 Fälle einer der 6 Standardfallgruppen zugeordnet werden. Dabei ist durch die große Fallzahl, die Anzahl der ausgewerteten Eigenschaften und die Genauigkeit der Übertragung des PEPP-Systems von 2015 auf die Zahlen von 2014, eine entsprechend hohe Präzision für die hiermit durchgeführten Simulationen zu erwarten.

Durch die Menge der ausgewerteten Daten und die verschiedenen durchgeführten Analysen und Simulationen konnten zu den aufgestellten Hypothesen fundierte Stellungnahmen erarbeitet werden. Dabei wurden neben den abrechnungsrelevanten Daten wie Verweildauer, OPS-Kodierungen, Hauptdiagnose und Nebendiagnose weitere Daten herangezogen wie der Aufnahme- und Entlassungsstatus.

Auch wenn die Behandlungsgruppen aus einer einzelnen Expertenmeinung abgeleitet wurden und für die Gruppenzuordnung keine empirisch überprüften Grenzbereiche vorlagen, gibt es indirekte Indikatoren für die Validität des Modells, wie die signifikant höhere Verlegungsquote in eine tagesklinische Anschlussbehandlung aus der Fallgruppe 6. Für eine weitergehende Analyse der Validität der Fallgruppen wäre eine Analyse der einzelnen Fälle auf Ebene der Behandlungsdokumentation notwendig, was sowohl aus Zeitgründen, als auch aus datenschutzrechtlichen Erwägungen schwierig gewesen wäre.

Eine Schwäche des Modells ist die unklare Qualität des Datenmaterials. Aufgrund der bisher fehlenden Abrechnungsrelevanz und des entsprechend geringen Stellenwerts im Arbeitsalltag werden aktuell viele Leistungen, wie z. B. Therapieeinheiten wahrscheinlich nur unvollständig abgebildet. Auch gibt es bei vielen Daten, wie zum Beispiel dem Entlassungsstatus oder Aufnahmestatus, keine Überprüfung der Validität der Erfassung.

Bei der Betrachtung wurden einige Sonderfälle, wie zum Beispiel Jahreswechsel, nicht erfasst. So wurden bei den verwendeten Daten zwar alle Aufnahmen aus dem Jahr 2014 eingesetzt, der späteste Entlassungszeitpunkt eines Patienten war jedoch der 16.02.2015. Auch wurde die Zahl der Fallzusammenführungen etwas zu gering erfasst, da Aufnahmen aus dem Jahr 2013 und 2015 nicht einbezogen wurden.

Durch die Veränderungen des OPS- und des PEPP-Systems von 2014 auf 2015 waren einige Übertragungen notwendig, die zwar möglichst genau erfolgten, aber nicht mit 100%iger Präzision durchgeführt werden konnten.

Da das PEPP-System sich in einem ständigen Wandel befindet, wurde im Rahmen der Untersuchung nur das aktuelle System analysiert. Dabei waren die Veränderungen von 2014 zu 2015 gravierend und bereits die nächste Anpassung für das Jahr 2016 könnte zu ganz anderen Anreizen führen.

Literatur

1. DIMDI (2014) Behandlung bei psychischen und psychosomatischen Störungen und Verhaltensstörungen bei Erwachsenen (9-60…9-64). https://www.dimdi.de/static/de/klassi/ops/kodesuche/onlinefassungen/opshtml2015/block-9-60...9-64.htm. Zugegriffen: 15. Mai 2015
2. VDK (2011) Bewertung des Referentenentwurfes „Gesetz zur Einführung eines pauschalierenden Entgeltsystems für psychiatrische und psychosomatische Einrichtungen" vom 07.11.2011 (Psych-EntgG). http://www.vkd-online.de/veroeffentlichungen-stellungnahmen/20115/bewertung-des-referentenentwurfes-%E2%80%9Egesetz-zur-einfuehrung-eines-

pauschalierenden-entgeltsystems-fuer-psychiatrische-und-psychosomatische-einrichtungen
%E2%80%9C-vom-07112011-psych-entgg. Zugegriffen: 20. Juli 2015
3. Bögershausen S, Vilsmeier F (2012) Kritisieren auf hohem Niveau – oder ist die psychiatrisch-psychotherapeutische Versorgung gefährdet? http://www.dgppn.de/dgppn-kongress2012/presse/aktuelles-presse/detailansicht/article//boegershause.html. Zugegriffen: 23. Juli 2015
4. Neumaier S, Dirschedl P, Kuhn-Thiel C (2013) Kompendium zum Pauschalierten Entgeltsystem in der Psychiatrie und Psychosomatik (PEPP). MDK Baden-Württemberg, Lahr
5. Pauschalierendes Entgeltsystem Psychiatrie/Psychosomatik, Version 2015 – Definitionshandbuch (2014) InEK. S 213–221
6. PEPP-Entgeltkatalog – Version 2015 (2014) InEK. S 3–5

Printed in the United States
By Bookmasters